AF639969

Das gefährliche Dinosaurier-Buch

NFV

Erstveröffentlichung unter dem Titel:
„The dangerous book of dinosaurs“
© Arcturus Holdings Limited 2014

Genehmigte Lizenzausgabe
NEUER FAVORIT VERLAG GmbH
Industriestraße 19
64407 Fränkisch-Crumbach 2023
www.neuer-favorit-verlag.de

Text: Liz Miles
Übersetzung: Anke Fischer und design cat GmbH
Design: Emma Randall

ISBN 978-3-8494-5090-8

Druck und Bindung in der EU
POLYGRAF PRINT spol. s r. o.
Čapajevova 44
08001 Prešov, Slowakei
www.polygrafprint.sk

Der Inhalt dieses Buches wurde von Autor und Verlag sorgfältig erwogen und geprüft. Es kann keine Haftung für Personen-, Sach- und/oder Vermögensschäden übernommen werden.

Kein Teil dieses Werkes darf ohne schriftliche Einwilligung des Verlages in irgendeiner Form (inkl. Fotokopien, Mikroverfilmung oder anderer Verfahren) reproduziert oder unter Verwendung elektronischer oder mechanischer Systeme verarbeitet, vervielfältigt oder verbreitet werden.

Bildnachweis:
Alle Bilder von pixel-shack.com außer:
Shutterstock: abrakadabra 33; Andreas Meyer 25, 77; argus 11, 13, 19, 21, 28, 35, 41, 45, 51, 53, 59, 61, 63, 71, 75, 81, 89, 103, 105, 112, 119, 123; Brendan Howard 23; Budkov Denis 6; Catmando 85; eveleen Front and End Pages; elmm 49, 65; Geoff Hardy 19; Igor Karasi 35; Jason Patrick Ross 11; Johan Swanepoel 9;lantapix 23; MarcelClemens 91, 96, 111; Marcio Jose Bastos Silva 89; Marques 28; Michael Rosskothen 107; Michael Rosskothen 123; mj007 113; Mogens Trolle 6; Natursports 105; Neftali 71; nobeastsofierce 6; PCHT 25; R.A.R. de Bruijn Holding BV 109; Ralf Juergen Kraft 33, 39; RRuntsch 91; StudioSmart 7; Vad74 111
Wikimedia commons 45, 51, 59, 79, 96, 103

INHALT

PLANET DER DINOSAURIER

Die Dinosaurier waren eine Gruppe von Reptilien, die die Erde vor mehr als 160 Millionen Jahren beherrschten. Zu ihnen gehörten nicht nur gigantische Jäger wie der Spinosaurus, sondern auch kleine Flitzer wie der Compsognathus.

Die pflanzenfressenden Dinosaurier lebten in ständiger Gefahr vor den brutalen Fleischfressern. Einige Dinosaurier wie der Hadrosaurus zogen in Herden umher, andere, wie der Euoplocephalus, waren meistens allein.

Dinosaurier lebten zu unterschiedlichen Zeiten. Einige der bekanntesten Dinosaurier, wie der gefährliche Jäger Tyrannosaurus rex und der horntragende Triceratops, durchstreiften die Erde während der Kreidezeit.

Ein Asteroid rauscht durch den Himmel auf die Erde, wo er zum Aussterben der Dinosaurier führen wird (S. 20).

ANDERE PRÄHISTORISCHE MONSTER

Die Dinosaurier haben das Land zwar beherrscht, aber sie waren nicht die einzigen Geschöpfe, die die prähistorische Erde ihr Zuhause nannten: Sie teilten sie mit Insekten, Säugetieren und anderen Reptilien.

Während der Ära der Dinosaurier beherrschten furchterregende Pterosaurier (Flugsaurier) den Himmel, während fantastische Seeungeheuer – aggressive Reptilien, monströse Tintenfische und riesige Haie – die Ozeane bevölkerten.

Dann starben auf mysteriöse Weise vor etwa 65 Millionen Jahren alle Dinosaurier gemeinsam mit vielen anderen Lebewesen plötzlich aus.

ERDE IM WANDEL

DIE GESCHICHTE UNSERES DYNAMISCHEN PLANETEN

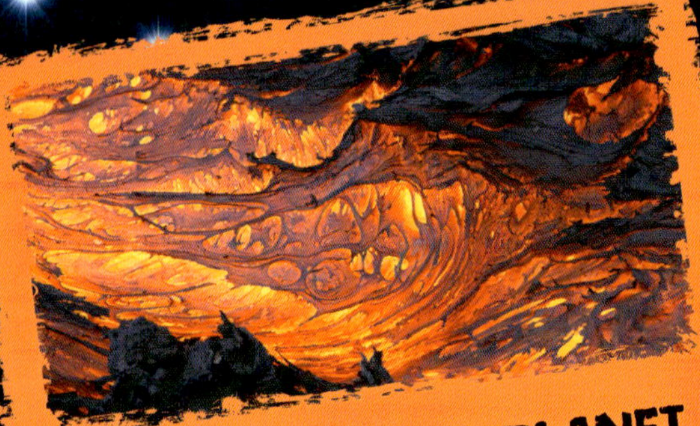

DER HEISSE, ROTE PLANET

Vor 4,5 Milliarden Jahren gab es auf der Erde weder Land noch Ozeane, keine Atmosphäre und auch kein Leben. Meteoriten schlugen auf die Erde ein und der Planet wurde heißer und heißer, bis alles auf der Oberfläche geschmolzen war. Dann aber entwich langsam Gas aus dem Inneren und es bildete sich eine Atmosphäre. Vor etwa 3,8 Milliarden Jahren entstanden die ersten Ozeane.

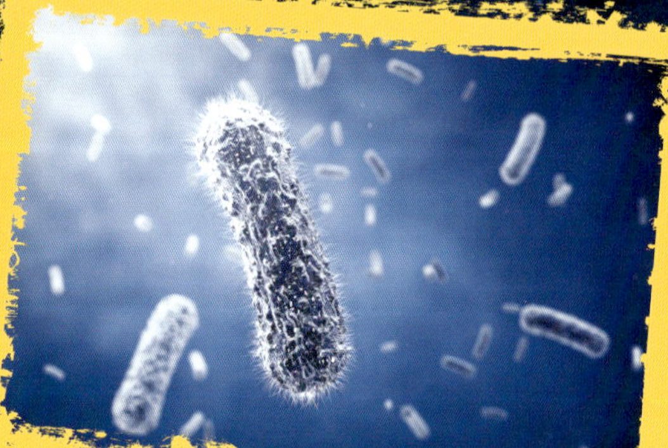

DER BEGINN DES LEBENS

Vor etwa 3,5 Milliarden Jahren überzog ein gewaltiger, flacher Ozean den Großteil der Erdoberfläche. Und in ihm entstanden die ersten einfachen, einzelligen Lebensformen. Es dauerte weitere 2 Milliarden Jahre, bis sich mehrzelliges Leben entwickelte.

Die Erde heute unterscheidet sich sehr von dem Ort, wo sich einst die Dinosaurier bewegten. Unsere Welt mag gleichbleibend erscheinen, tatsächlich aber befindet sie sich in einem Zustand ständiger Veränderung. Die Oberfläche des Planeten besteht aus riesigen Platten, die auf einer Masse aus geschmolzenem (flüssigem) Gestein treiben. Seit Millionen Jahren bewegen sich die Platten langsam voran und bewirken, dass sich Kontinente verschieben, Berge aufsteigen und Ozeane wachsen oder schrumpfen. Fossilien beweisen uns, dass die Landmassen in prähistorischen Zeiten anders angeordnet waren als heute.

DAS ZEITALTER DER DINOSAURIER

Die Landmassen verschmolzen langsam miteinander. Als die Dinosaurier vor etwa 225 Millionen Jahren das erste Mal erschienen (während der Trias), waren alle Kontinente in einer gigantischen Landmasse, einem „Superkontinent“, vereint. Während der Zeit, als die Dinosaurier ausstarben (am Ende der Kreidezeit vor 65 Millionen Jahren) hatte sich das Land in Kontinente aufgespalten, die unseren heutigen Kontinenten ähnelten.

DIE MODERNE WELT

Auch heute verändert sich die Erde noch immer. Die Kontinente bewegen sich weiterhin, Arten sterben aus und neue Arten entwickeln sich.

ZEITSTRAHL

DES LEBENS AUF DER ERDE

Wissenschaftler haben die Milliarden Jahre der prähistorischen Zeit in Perioden unterteilt. Die Dinosaurier lebten in Trias, Jura und Kreidezeit, während sich der moderne Mensch im Quartär entwickelte.

← KAMBRIUM

541–485 Mio. Jahre: Kompliziertere Lebensformen entstehen.

↓ SILUR

443–419 Mio. Jahre: Erste Kreaturen gehen an Land.

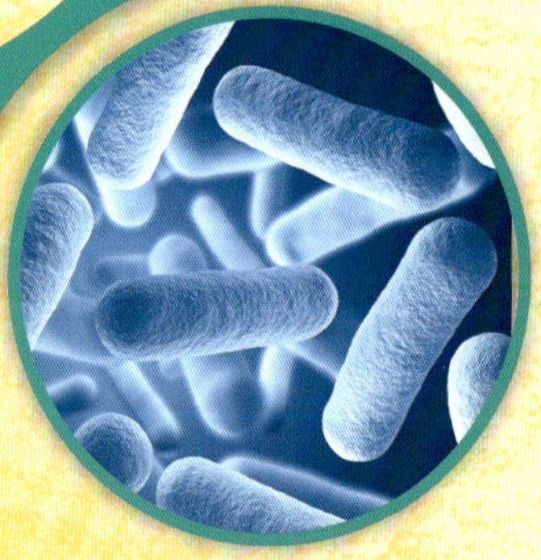

↑ ORDOVIZIUM

485–443 Mio. Jahre: Arthropoden (Lebewesen mit Außenskelett) beherrschen die Meere. Pflanzen erobern das Land.

↑ PRÄKAMBRIUM

4,57 Mrd.–541 Mio. Jahre: Die ersten Lebensformen erscheinen als kleine einzellige Lebewesen.

↑ DEVON

419–359 Mio. Jahre: Erste Insekten. Fische dominieren die Meere.

↓ KREIDE

145–65 Mio. Jahre: Spinosaurus und T. rex erscheinen. Dinosaurier sterben aus.

↘ QUARTÄR

2,6 Mio. Jahre –heute

Behaarte Mammuts bevölkern die Erde, der moderne Mensch entwickelt sich.

← PALÄOGEN/ NEOGEN

65–2,6 Mio. Jahre:

Zahlreiche riesige Säugetiere treten auf.

↓ TRIAS

252–201 Mio. Jahre:

Erste Dinosaurier.

↑ JURA

201–145 Mio. Jahre:

Die großen pflanzenfressenden Dinosaurier erscheinen.

↑ HEUTE

← PERM

299–252 Mio. Jahre:

Erste Therapsiden (Urahnen der Säugetiere) erscheinen.

← KARBON

359–299 Mio. Jahre:

Die ersten Reptilien erscheinen. Gewaltige Wälder bedecken die Erde.

UNTERWASSER-KREATUREN

Die Urmeere wimmelten bereits Millionen Jahre lang von Leben, noch bevor die Dinosaurier das Land beherrschten. Die ersten Kreaturen in den Ozeanen waren einzellige Lebensformen. Ihnen folgten seltsame mehrzellige Organismen. Aus diesen entwickelten sich allmählich furchterregend anzusehende Meerestiere, die krochen, sich eingruben und nach Nahrung jagten.

FÜNFÄUGIGES MONSTER

Das palmenförmige Opabinia besaß fünf Augen und lebte in den Ozeanen während des Kambriums. Es hat vermutlich viel Zeit damit verbracht, im Schlamm des Bodens nach Würmern zu graben und zu jagen. Der lange Rüssel (ein Organ, das dem Gesicht entsprang) besaß Greifdornen.

SUPER-RÄUBER

Das Anomalocaris, was soviel wie „unnormale Garnele“ bedeutet, war ein großes und gefährliches Raubtier. Es suchte mit den beiden Stielaugen (jedes mit Tausenden von Linsen ausgestattet) nach Opfern. Mit seinen bis zu 2 Metern Länge muss es einen furchterregenden Anblick geboten haben. Das Maul bestand aus Mahlplatten, die von Schneidewerkzeugen umgeben waren. Greifarme, die um das Maul saßen, fassten die Beute und steckten sie in den Rachen.

GEHEIMNISVOLLE SEEN

Vor 635 bis 545 Millionen Jahren entwickelte sich das tierische Leben von den Einzellern hin zu weichen, mehrzelligen Lebensformen. Wir wissen nicht viel über diese Meeresbewohner, da sie keine Skelette oder Schalen besaßen, die als Fossilien überdauern konnten. Manche können wie weiche Kugeln ausgesehen haben oder ähnlich wie die heutigen Meereswürmer, Quallen und Seefedern.

ZEIT-DETEKTIVE

Meeresfossilien stammen von Tieren, die Schalen, Skelette oder Außenskelette besaßen. Wenn sich Flüsse einen Weg durch uraltes Gestein bahnen (wie beim Grand Canyon, USA), kommen manchmal Gründe von vorzeitlichen Meeren zum Vorschein. Wissenschaftler können das Alter der Fossilien anhand der Schicht des Gesteins bestimmen, in der sie gefunden wurden. Je tiefer sie lagen, desto älter sind sie.

DIE EROBERUNG DES LANDES

Allmählich eroberten die Fische das Land. Sie entwickelten die Körpermerkmale der Amphibien wie Lungen zum Atmen und vier Beine, um sich zu bewegen. Niemand weiß, warum sie an Land gingen – vielleicht um den hungrigen Arthropoden (Gliederfüßer) zu entkommen oder vielleicht steckten sie in Seen fest, die langsam austrockneten.

Die ersten fischähnlichen Landtiere eroberten den Strand im Zeitalter des Devon. Sie schoben sich auf ihren veränderten Flossen an Land, ähnlich wie der Schlammspringer. Echte vierbeinige Amphibien, wie der Eryops, entwickelten sich erst später.

WEIT ÖFFNEN!

Vor etwa 290 Millionen Jahren lauerte der Eryops im Wasser – ein großer, stämmiger Lurch und einer der gefährlichsten Raubtiere während des Zeitalters des Perm. Er besaß keine Kauzähne, konnte seine Kiefer aber weit aufreißen. Er musste seine Beute schnappen und wahrscheinlich so lange schütteln, bis sie tot war. Dabei benutzte er spezielle Zähne am Dach seines Maules. Dann verschlang er die Beute im Ganzen, ähnlich wie die Krokodile.

SCHLAMMHÜPFER

Der Ichthyostega lebte noch vor dem Eryops im späten Devon. Er sah wie eine gefährliche Mischung aus Fisch und Lurch aus. Am Ende seines Schwanzes besaß er eine Flosse, aber auch Beine und Zehenknochen. Seine Hinterbeine nutzte er wie Paddel und die Vorderbeine waren vermutlich stark genug, um sich an Land zu schleppen und aus dem Schlamm zu springen, wie der neuzeitliche Schlammspringer. Er besaß Lungen, die es ihm erlaubten, über einen kurzen Zeitraum Luft zu atmen.

ZEIT-DETEKTIVE

So wie sich Flossenabdrücke von den Fußabdrücken der Lurche unterscheiden, können fossile Fußabdrücke uns helfen herauszufinden, wann die ersten Tiere das Wasser verließen. In Polen wurden 395 Millionen Jahre alte fossile Fußabdrücke mit Zehen gefunden. Sie gelten als der älteste Beweis dafür, dass Amphibien an Land gingen.

FRÜHE REPTILIEN

GRIMMIGE VORGÄNGER

Mit der Zeit wurde das Klima trockener. Die flachen, sumpfigen Wälder der Karbonzeit verschwanden. Die Lurche litten darunter, denn sie benötigten Wasser, um ihre Eier abzulegen. Einige entwickelten sich zu Reptilien, die nun ihre Eier an Land legen konnten.

Zu den frühen Reptilien gehörten vor allem Fischfresser mit tödlichen Zähnen wie der Ophiacodon. Einige, wie der Dimetrodon, die später erschienen, besaßen spektakuläre Segel, die aus ihren Rücken wuchsen.

SCHLANGENZÄHNE

Ophiacodon bedeutet „Schlangenzahn“. Er gehörte zu den frühen Landreptilien und lebte im späten Karbon und frühen Perm. Vermutlich verbrachte er viel Zeit im Wasser, wo er mit seinen kleinen scharfen Zähnen nach Fischen schnappte. An der Küste jagte er wahrscheinlich Amphibien, wie seinen kleineren pflanzenfressenden Cousin Edaphosaurus. Mit einer Länge von 3,40 Metern und besonders kraftvollen Kiefern gehörte der Ophiacodon zu den gefährlichen Jägern, deren einzige Konkurrenten andere Ophiacodone waren.

STECKBRIEF

DIMETRODON

BEDEUTUNG DES NAMENS: Zwei Arten von Zähnen

FAMILIE: Sphenacodontidae

ZEIT: Frühes Perm

GRÖSSE: 1,7–4,6 m Länge

GEWICHT: bis 250 kg

BESONDERES MERKMAL: Langes, dünnes Segel auf dem Rücken

NAHRUNG: Fleisch und Insekten

RÜCKENFLOSSE

Der Dimetrodon war ein gefährlicher Fleischfresser, der 50 Millionen Jahre bevor die Dinosaurier erschienen, an Land jagte. Er war das größte und vielleicht auch aggressivste Tier seiner Zeit. Niemand weiß genau, wozu das Segel auf dem Rücken gut war. Es könnte dazu gedient haben, Konkurrenten abzuschrecken oder die Hitze der Sonne für kalte Zeiten zu speichern. An heißen Tagen könnte es wie ein Autokühler funktioniert haben, um das Tier abzukühlen.

FLEISCHFRESSER

Er besaß zwei Arten von Zähnen: scharfe und gezackte. Die gezackten Zähne waren wie Fleischmesser bestens geeignet, das Fleisch aus den Opfern zu reißen.

LOSSEGELN

Aus den Rückenwirbeln wuchsen Dornen, die von Haut überzogen waren und bildeten ein Segel.

SCHNELLLÄUFER

Seine Beine, die an der Seite aus dem Körper wuchsen, erlaubten ihm, sich schnell zu bewegen. Die Amphibien und Reptilien, die er jagte, konnten nur schwer entkommen.

DIE ERSTEN DINOSAURIER

HUNGRIGE JÄGER

Die Dinosaurier entwickelten sich aus den Reptilien und erschienen erstmals im Zeitalter der Trias. Bereits die frühen Dinosaurier besaßen viele der tödlichen Merkmale der bekannten Fleischfresser späterer Zeiten: Sie hatten gebogene Fingerklauen, scharfe Zähne und Kiefer, die so gebaut waren, dass sie die zappelnde Beute, die sich befreien wollte, festhielten.

ERSTE FOSSILFUNDE

Fossilien der frühen Dinosaurier, wie der Eoraptor, wurden in Argentinien gefunden. Aber sie gehörten nicht alle zu den gefährlichen Raubtieren – der fleischfressende Herrerasaurus war wohl selbst eher die Beute von größeren Ungetümen.

ANGREIFER DER ERSTEN STUNDE

Der fuchsähnliche Eoraptor sah wie die jagenden Dinosaurier aus, die viele Millionen Jahre später im Jura lebten. Er lief aufrecht auf zwei Beinen und besaß die Kiefer eines Fleischfressers. Seine Zähne waren messerscharf, klein und nach hinten gebogen, so dass er übel zubeißen konnte. Sein Name bedeutet „Jäger der Morgenröte".

Der Herrerasaurus war 5 Meter lang und besaß Zähne, die doppelt so lang wie die des Menschen und wie eine Säge geriffelt waren. Er hatte scharfe Klauen an den Fingern seiner Hand. Sein guter Gehörsinn könnte ihm geholfen haben, seine Beute aufzuspüren – und auch einen anderen Angreifer, mit dem er sich das Territorium teilte: den großen krokodilähnlichen Fleischfresser Saurosuchus.

FRÜHE PFLANZENKAUER

Einer der ersten pflanzenfressenden Dinosaurier war der Thecodontosaurus, der kleine Zähne zum Pflanzenschneiden besaß und auf allen Vieren ging. Er war so groß wie ein erwachsener Mensch und fraß sich durch niedrig wachsende Pflanzen.

DAS ZEITALTER DER DINOSAURIER

Die Dinosaurier beherrschten die Welt über 150 Millionen Jahre lang. Das Zeitalter der Dinosaurier erstreckt sich von der Trias über den Jura bis zur Kreidezeit, die zusammen als Mesozoikum bezeichnet werden.

Es gab die unterschiedlichsten Dinosaurier: von hühner- bis riesengroß, von zahmen, grasenden Pflanzenfressern bis zu aggressiven Fleischfressern. Kein Land war vor den Dinosauriern sicher – ihre Fossilien wurden auf jedem Kontinent gefunden und sie lebten in verschiedenen Lebensräumen, von Feuchtgebieten bis zu trockenen offenen Ebenen, von Lagunen und Küsten bis zu Wäldern und Wüsten.

KILLER MIT RIESENKIEFERN

Die Theropoden waren gefährliche zweibeinige Fleischfresser. Zu ihnen gehörten der Giganotosaurus und der T. rex, der hier zu sehen ist. Ihre Kiefer waren riesig, vergleichbar mit dem Kopf eines großen Sauropoden, wie dem Amargasaurus. Der Giganotosaurus jagte möglicherweise im Rudel. Gemeinsam schafften sie es auch, den mächtigen Amargasaurus zu bezwingen, ungeachtet seiner Verteidigungswaffen, wie ein schlagender Schwanz und ein dornentragender Rücken.

DINOSAURIER-DETEKTIVE

Ein komplettes oder fast komplettes Fossil eines Dinosaurierskeletts ist ein seltener, aber bedeutender Fund und muss mit Sorgfalt ausgegraben werden. Bevor ein Knochen herausgenommen wird, muss seine Position dokumentiert werden. Wissenschaftler rekonstruieren dann den Dinosaurier. Fehlende Stücke werden mit Gips ausgefüllt.

LANDRIESEN

Die Sauropoden – die schwersten, höchsten und längsten Tiere, die jemals über die Erde stapften – lebten von Pflanzen. Sie hatten Beine wie Baumstämme und lange, dehnbare Hälse, die es ihnen ermöglichten, die hoch wachsenden Pflanzen zu erreichen. Ihre gigantische Größe und die peitschenartigen Schwänze schüchterten die Raubtiere ein, die ihnen folgten. Zu den Sauropoden gehörte Apatosaurus, der viermal höher war als eine neuzeitliche Giraffe.

VON PLATTEN GESCHÜTZT

Die Pflanzenfresser entwickelten verschiedene Wege, um sich vor den Fleischfressern zu schützen. Der Ankylosaurus beispielsweise war mit dicken Knochenplatten bedeckt, ebenso mit Dornen und Höckern, die ihn vor den Bissen hungriger Fleischfresser schützen sollten. Er besaß auch einen keulenförmigen Schwanz, womit er Angreifer schlagen konnte.

DAS AUSSTERBEN

Vor 65 Millionen Jahren verschwanden die Dinosaurier. Viele andere Arten starben ebenfalls zu dieser Zeit aus, was nahelegt, dass eine plötzliche Katastrophe ein weiteres Überleben für viele Tiere unmöglich machte. Die Ursache dieser Katastrophe könnte ein Asteroid oder Komet gewesen sein, ein Vulkanausbruch oder eine Kombination aus beidem.

STAUBWOLKEN

Wäre ein Meteor auf die Erde aufgeschlagen, hätten die Staubwolken so dick sein können, dass sie die Sonnenstrahlen für Monate blockiert hätten. Die Temperaturen wären stark gefallen und hätten das Sterben von Wäldern und Tieren nach sich gezogen.

GIGANTISCHER AUFPRALL!

Einige Wissenschaftler glauben, dass die Dinosaurier ausgestorben sind, nachdem ein gigantischer Komet oder Asteroid auf die Erde gekracht war. Er könnte beim Aufprall auf die Erdkruste Tonnen von Staub in die Atmosphäre geschleudert haben.

GEWALTIGE VULKANE

Zu der Zeit, als die Dinosaurier ausstarben, gab es sehr viele aktive Vulkane. Diese stießen über Tausende von Jahren Lava aus – die Lavaflüsse bedeckten schätzungsweise ein Gebiet, das halb so groß wie Indien war. Die Chemikalien, die bei den Ausbrüchen entwichen, könnten einen weltweiten Effekt und große Veränderungen in der Erdatmosphäre bewirkt haben. Viele Wissenschaftler glauben, dass die Vulkanausbrüche die Dinosaurier lange vorher aussterben ließen, bevor ein Asteroid oder Komet auf die Erde fiel.

DINOSAURIER-DETEKTIVE

Der Chicxulub-Krater in Mexiko, der hier künstlerisch dargestellt ist, liefert den Beweis, dass ein riesiger Meteoriteneinschlag stattfand. Dieser massive Krater ist 180 Kilometer breit – der Meteor, der dies verursachte, war vermutlich 10 Kilometer groß.

NACH DEN DINOSAURIERN

GEWALTIGE SÄUGETIERE

Nach den Dinosauriern entwickelten sich die Säugetiere zu den größten Tieren sowohl an Land als auch im Meer. Einer von ihnen war der gefährliche Smilodon mit seinen gebogenen Zähnen. Er gehörte zur Familie der Säbelzahnkatzen (Machairodontinae), die heute ausgestorben sind.

Viele Säugetiere im Paläogen, Neogen und Quartär sahen Tierarten ähnlich, die es heute noch gibt – allerdings waren sie schrecklich groß. Einige dieser Tiere, wie der Smilodon, lebten auch während der Zeit, als sich der Mensch entwickelte, und haben ihn vermutlich als Nahrung gejagt.

TÖDLICHES LÄCHELN

Der Biss des Smilodon war tödlich – er konnte sein Maul doppelt so weit öffnen wie der heutige Löwe. Neben den Reißzähnen, zu denen die beiden riesigen gebogenen Eckzähne gehörten, besaß er auch Mahlzähne im hinteren Kiefer. Dieser Jäger ist vielleicht aus Bäumen oder aus Büschen gesprungen, um seine Opfer anzufallen. Er könnte dann seine Opfer mit dem kräftigen Körper zu Boden gedrückt und mit den großen Vorderpfoten festgehalten haben, bereit für einen tödlichen Biss.

DER SCHWANZ ALS WAFFE

Der Doedicurus war ein unglaubliches Säugetier aus dem Quartär, das wie ein riesiges Gürteltier ausgesehen haben muss. Sein schützender Panzer war mit Haut bedeckt und möglicherweise behaart. Während der Revierkämpfe schwangen die Männchen gegenseitig ihre mit Stacheln und Noppen bewaffneten Schwänze. Auf dem Panzer einiger Männchen fand man entsprechende Dellen.

DOEDICURUS GEGEN GÜRTELTIER

	DOEDICURUS	Gürteltier
HÖHE	1,50 m	0,30 m
LÄNGE	4 m	1,5 m
GEWICHT	bis zu 2370 kg	bis zu 32 kg
ZÄHNE	Mahlzähne hinten	80–100 stiftartige Zähne
NAHRUNG	Pflanzen	Insekten, kleine Tiere, Pflanzen, Früchte, Aas

NACHFAHREN DER DINOSAURIER

Die Lebewesen, die auf unserem Planeten leben und den Dinosauriern am nächsten stehen, sind die Vögel. Vögel stammen von den zweibeinigen, fleischfressenden Dinosauriern ab, die Theropoden heißen. Die Wissenschaftler fanden das heraus, als sie eine unglaubliche Entdeckung machten: fossile Dinosaurier mit Federn.

Tierarten wie der Caudipteryx, der Merkmale sowohl von Dinosauriern als auch von Vögeln besaß, verdeutlichen den allmählichen Übergang von einer Tierart zur nächsten. Zu Beginn waren die Federn nur für die Wärme und zum Balzen da, aber im Lauf der Zeit wurden sie auch zum Fliegen benutzt. Der erste richtige Vogel war vermutlich der Archaeopteryx, dessen Fossilien 1862 entdeckt wurden. Der Archaeopteryx war mehr Vogel als Dinosaurier, konnte aber möglicherweise nur flattern statt fliegen.

SCHWANZFEDERN

Wie die heutigen Vögel konnte Caudipteryx seine Schwanzfedern möglicherweise spreizen, um Partner anzuziehen oder Angreifer abzuschrecken.

FLAUMIGER MANTEL

Der Federmantel, den man bei Fossilien entdeckte, diente zum Wärmen, nicht zum Fliegen. Ob er farbig war, lässt sich nicht sagen, da Farben selten als Fossilien überdauerten.

VOGELBEINE

Wie ein heutiger Vogel kann der frühe Caudipteryx seine langen Beine benutzt haben, um sich auf Ästen niederzulassen oder durch Flüsse und Seen zu waten.

FLUGUNFÄHIG

Die Federn am Arm waren zu kurz und besaßen die falsche Form zum Fliegen. Sie dienten vielleicht dazu, die Jungen im Nest warmzuhalten.

DINOSAURIER IM GARTEN

Natürlich leben im Garten keine echten Dinosaurier. Jedoch gibt es unglaubliche Übereinstimmungen zwischen einigen unserer heutigen Vögel und den räuberischen kleinen Theropoden der Kreidezeit: Beide haben Federn, leichtgewichtige Schädel, Gabelbeine im Skelett und zwei Beine zum Laufen.

ERSTER FLUG

Mit seinen scharfen Zähnen und dem knochigen Schwanz war der Archaeopteryx den Theropoden ähnlich. Er besaß aber auch Federn und Schwingen, die ihm erlaubten zu fliegen, wenn auch nicht so wie die Vögel heute. Um zu fliegen, stieß er sich möglicherweise von Bäumen oder Hügeln ab.

DIE ANGREIFER

Der T. rex (Seite 28–29) – hier in einem Wasserloch jagend – war einer der besten Jäger seiner Zeit.

Killer-Dinosaurier – die Fleischfresser – gehörten zu den tödlichsten Tieren, die jemals den Planeten durchstreiften. Es gab sie in vielen Formen, vom gigantischen Theropoden mit vernichtenden Kiefern bis zum schnellfüßigen Raptor mit den gierig packenden Händen und aufschlitzenden Klauen.

Fleischfresser (Karnivoren) nutzten viele verschiedene Methoden, um ihre Beute zu fangen und zu töten. Einige jagten alleine, andere im Rudel. Manche hatten zahnlose Schnäbel, während andere nadelscharfe Zähne besaßen. Manche nutzten die Geschwindigkeit, während sich andere auf ihre enorme Muskelkraft, tödliche Schläge oder ihr scharfes Gebiss verließen.

GERISSEN UND TÖDLICH

Fleischfressende Dinosaurier, wie der Allosaurus links im Bild, hatten scharfe Augen, einen guten Geruchssinn und ein großes Gehirn, um Strategien zum Jagen zu planen. Sie besaßen auch lange, kräftige Beine, um schnell rennen und ihre Beute fangen zu können. Der wahrscheinlich größte Fleischfresser von allen war der Spinosaurus mit 18 Metern Länge. Der kleinste war vermutlich der Hesperonychus mit nur einem Meter Länge.

TYRANNEN-ECHSEN

Tyrannosaurus rex bedeutet „König der Tyrannen-Echsen". Diese gefährliche Kreatur war einer der kräftigsten und größten Jäger unter den Dinosauriern, die das Land in der letzten Periode der Kreidezeit beherrschte. Er wurde 12 Meter lang. Schon seine Kiefer wurden 1,40 Meter lang und waren mit dolchartigen Zähnen besetzt.

Wegen seiner seltsam verkümmerten, kurzen Arme vermuten einige Wissenschaftler, dass sich der T. rex eher von Aas ernährte als von lebender Beute. Andere aber meinen, dass er von Kadavern nicht satt geworden wäre. Auch konnte er aufgrund seiner Augenstellung die Entfernung einer Beute, die sich schnell bewegte, gut einschätzen.

KRAFTVOLLE MUSKELN

Massive Muskeln verliehen diesem Monster eine unglaubliche Kraft: Seine Beine waren stark genug, um den massigen Körper mit einem Gewicht von bis zu 5 Tonnen tragen zu können. Wie auch der Elefant konnte er vermutlich sehr schnell laufen, sein Gewicht könnte es ihm aber erschwert haben.

DINOSAURIER-DETEKTIVE

An Fossilien erkennt man, dass die Kiefer des T. rex einen weiten Biss hatten. Er besaß ein spezielles Kiefergelenk, sodass er seine Kiefer wie eine Schlange fast auskugeln konnte. Dadurch konnte er sein Maul außergewöhnlich weit öffnen. Auch die Stärke seiner Schädelknochen lässt auf besonders kräftige Kiefernmuskeln schließen.

SCHARFE ZÄHNE

Die spitzen Vorderzähne waren ideal, um dicke Haut zu packen und zu durchlöchern. Mit den hinteren, klingenförmigen Zähnen konnte der T. rex Knochen, Fleisch und Muskeln zerteilen.

TÖDLICHER BISS

Anhand eines T.-rex-Bisses auf einem Schnabeltier-Fossil konnte seine Bisskraft berechnet werden. Wissenschaftler schätzen die Kraft eines Bisses auf ca. 1,5 Tonnen. Das ist etwa dreimal so stark wie der Biss eines afrikanischen Löwen. Der T. rex kämpfte nicht mit seiner Beute, sondern erlegte sie mit einem einzigen tödlichen Biss. War das Opfer erst einmal gefallen, konnte er mit seinem zermalmenden Kiefer den Rest erledigen.

KLEINE ARME

Obwohl er ein Jäger war, besaß der Tyrannosaurus kleine, schwache Arme und Hände mit zwei Fingern, mit denen er sein Maul nicht erreichen konnte! Vielleicht dienten diese Arme nur dazu, seinen gewaltigen Körper zu stabilisieren, wenn er sich erhob.

GEFRÄSSIGE GIGANTEN

Der Giganotosaurus war wirklich gigantisch: Diese Bestie war so schwer wie ein Lastwagen und mit seinen 13 Metern länger als der T. rex. Dieser mörderische Dinosaurier lebte mit den großen pflanzenfressenden Titanosauriern, die er vermutlich jagte, in den Ebenen Südamerikas.

ÜBERWÄLTIGENDE ENTDECKUNG

Hundert Jahre lang war der Tyrannosaurus rex der größte bekannte Jäger, bis 1993 ein noch größerer entdeckt wurde. Er hieß Giganotosaurus und besaß die längsten Kiefer eines Theropoden, die jemals gefunden wurden. Mit 1,80 Metern Länge waren sie größer als so mancher erwachsene Mensch! Er lebte etwa 30 Millionen Jahre vor dem T. rex und besaß drei Finger an jeder Hand – die somit besser zum Greifen geeignet war als die des T. rex. Sein Biss war zwar weniger kraftvoll, aber seine messerähnlichen Schneidezähne konnten leicht durch Haut und Knochen schneiden.

KILLERPAARE

Der Giganotosaurus war furchtlos genug, um selbst Tiere, die viel größer als er selbst waren, zu jagen. Wahrscheinlich war er der einzige Gegner des Argentinosaurus, der dreimal so groß war. Wissenschaftler vermuten, dass der Giganotosaurus in Paaren oder Gruppen von sechs oder mehr Tieren gejagt hat. Wenn sie einen der langsamen Sauropoden erwischt hatten, bissen sie mit ihren starken Kiefern in deren Beine, bis sie vom Bluten geschwächt niederfielen. Gemeinsam riss dann das Giganotosaurus-Rudel das Fleisch aus dem Opfer und verzehrte es.

STECKBRIEF

GIGANOTOSAURUS

BEDEUTUNG DES NAMENS:
Riesige Echse des Südens

FAMILIE: Allosauridae

ZEIT: Späte Kreidezeit

GRÖSSE: 7 m Höhe
13 m Länge

GEWICHT: 7–8 t

NAHRUNG: Fleisch

RIESENHUNGER

Ein getöteter Sauropode konnte wahrscheinlich den Hunger eines Giganotosaurus für einige Wochen stillen. Aufgrund der Größe und Kraft des Giganotosaurus hatte er wohl keine Konkurrenz von anderen fleichfressenden Jägern zu fürchten. Der Giganotosaurus konnte auch überraschend schnell sein: Man schätzt, dass sie eine Geschwindigkeit von bis zu 50 km/h erreichen konnten.

UTAHRAPTOR

BÖSARTIGE RUDELJÄGER

Der Utahraptor war ein intelligenter, wendiger und schneller Jäger. Er hatte einen harten Schwanz, mit dessen Hilfe er die Balance hielt, wenn er sich auf seine Beute stürzte. Er war so schwer wie ein riesiger Bär und damit der Größte unter den „rennenden Echsen“, auch Raptoren genannt.

NUR EIN BISS ...

Die mächtigen Kiefer des Utahraptors waren vollgepackt mit messerscharfen Zähnen. Nachdem er seine Beute mit seinen Krallen niedergerissen hatte, packte er sie mit den Zähnen und zerfleischte sie.

HÜHNERFEDERN?

Forscher haben bei Fossilien eine Knochenstruktur entdeckt, die der von Hühnern ähnelt. Sie vermuten, dass der Utahraptor zwar gefiedert war, aber nicht fliegen konnte. Das Gefieder war nur zum Wärmen oder um einen Partner anzulocken.

KILLERKLAUEN

Seine sichelförmigen Klauen hob der Utahraptor beim Laufen vom Boden ab. Er nutzte sie als Waffe, um seine Opfer zu erlegen: Mit den 35 Zentimeter langen Klingen zerrte er an seiner Beute und hakte sich in ihr fest. Mit einem mächtigen Stoß erlegte er andere Dinosaurier, die häufig sofort tot waren.

JAGDTAKTIK

Utahraptoren verfolgten ihre Beute in Rudeln – wie Wölfe. In Teamarbeit konnten sie sogar starke Sauropoden erlegen. Sie hakten sich im Körper der Tiere fest, bissen zu und zerrten solange an ihnen, bis sie aufgaben.

UTAHRAPTOR GEGEN WOLF

Die Rudeljäger im Vergleich

	UTAHRAPTOR	WOLF
HÖHE	3 m	0,85 m
GEWICHT	1000 kg	60 kg
TEMPO	30 km/h	55–70 km/h
BISSSTÄRKE	460 kg	66 kg
SEHSTÄRKE	hervorragend	sehr gut

LÄUFER MIT SICHELKLAUEN

Der Utahraptor gehört zu einer Dinosaurierfamilie, die Dromaeosauriden genannt werden. Mit ihrer Schnelligkeit, Beweglichkeit, guten Sehkraft und vor allem mit ihren scharfen Waffen waren sie die tödlichste Gruppe der Predatoren.

Obwohl ihre Körper vogelähnlich aussahen, besaßen sie kraftvolle Beine zum schnellen Rennen. Starre Schwänze halfen ihnen, die Balance zu halten, wenn sie mit ihrer sichelförmigen Zehenklaue zuschlugen.

„ENTSETZLICHE KLAUE"

Deinonychus bedeutet „entsetzliche Klaue". Seine Sichelklaue war so scharf wie ein Hackmesser. Seine beiden Augen waren nach vorne gerichtet, sodass er ein gutes räumliches Sehvermögen besaß. Er konnte den Abstand zur Beute genau abschätzen und wusste, wann er nah genug für einen Tritt, ein Packen oder für einen Sprung zum Angriff war. Seine gebogenen Sägezähne bissen zu und rissen das Fleisch von den Knochen der Beute. Einige Wissenschaftler fanden heraus, dass er vermutlich ein Warmblüter war und deshalb das Federkleid benötigte, um seine Temperatur aufrecht zu erhalten – im Gegensatz zu den Kaltblütern, die keine Isolierung brauchten.

FÜRCHTERLICHE KRALLEN

Die Dromaeosauriden waren Teil einer Gruppe, die man Maniraptoren (Handgreifer) nennt. Sie besaßen kräftige Hände, oft mit gefährlichen Fingerkrallen ausgestattet. Man vermutet, dass die Dromaeosauriden im Vergleich zu ihrem Körper die größten Gehirne aller Dinosaurier besaßen und damit die intelligentesten unter ihnen waren.

DINOSAURIER-DETEKTIVE

Anhand fossiler Fußabdrücke konnten Wissenschaftler feststellen, wie groß die Dinosaurier waren. Auch fossile Fährten sind sehr nützlich, weil sie das Verhalten der Dinosaurier zeigen. So kann man an dem Abstand zwischen den Fußabdrücken erkennen, wie schnell sich die Tiere vorwärtsbewegten.

MITTEN IM KAMPF GEFANGEN

Der Gebrauch der sichelförmigen Klaue als tödliche Waffe wurde durch ein Fossil belegt: Die zweite Zehenklaue eines Velociraptors wurde in den Rippen eines Protoceratops gefunden. Der kleinere Pflanzenfresser war offensichtlich dabei, einen Velociraptor abzuwehren, als beide plötzlich mitten im Kampf starben – vielleicht wegen eines Erdrutsches.

ZEHENSPITZEN

Der Velociraptor hob seine zweite Zehe, wenn er lief, sodass die Klaue nicht den Boden berührte. Damit verhinderte er, dass sie stumpf wurde. Wenn der Velociraptor angriff, bohrte er seine rasiermesserscharfe Klaue in seine Beute.

CARNOTAURUS

FLEISCHFRESSENDER BULLE

Carnotaurus bedeutet „fleischfressender Bulle". Mit zwei Hörnern und einem kraftvollen, massigen Körper erinnerte dieser Therapode gewiss an einen Bullen. Er hatte den vorwärts gerichteten Blick eines Jägers und geeignete Beine, um seiner Beute mit hoher Geschwindigkeit nachzujagen. Weniger kraftvoll waren seine seltsam kleinen Arme, jeder mit vier Fingern ausgestattet. Auch hatte er schwache Zähne und Kiefernmuskeln.

Der Carnotaurus hatte keinen kraftvollen Biss – nur 340 Kilogramm (T. rex: bis 1,5 Tonnen). Aber dank der kräftigen Muskeln konnte er seine Beute mit einem einzigen Kopfstoß erledigen. Sein ungewöhnlicher Schädel bestand aus verschiedenen beweglichen Teilen, sodass er bei Kopfstößen oder Bissen einen größeren Druck aushalten konnte.

GUTER GERUCHSSINN

Der Carnotaurus folgte vermutlich seiner Nase, um Beute zu finden. Sein starker Schädel besaß eine besonders große Öffnung vor den Augenhöhlen, was nahelegt, dass der Geruchssinn dieses Dinosauriers überdurchschnittlich gut war. Demnach konnte er seine Beute wahrscheinlich besonders gut riechen!

STECKBRIEF

CARNOTAURUS

BEDEUTUNG DES NAMENS: Fleischfressender Bulle

FAMILIE: Abelisauridae

ZEIT: Mittlere Kreidezeit

GRÖSSE: 3 m Höhe
7,5 m Länge

GEWICHT: ca. 1 Tonne

NAHRUNG: Fleisch

HORNKÄMPFE

Die Hörner des Carnotaurus wuchsen, stark nach außen gewölbt, direkt über seinen Augen. Sie wurden wohl bei Kämpfen zwischen den Männchen benutzt oder um Beute zu erlegen. Sie könnten auch in der Paarungszeit dazu gedient haben, Weibchen anzulocken. Wenn er auf einen Rivalen stieß, kam ihm sein starker Nacken zugute. Bei Kämpfen schützte ihn zusätzlich seine dicke, echsenähnliche Haut mit großen Höckern entlang des Rückens.

TROODON

NÄCHTLICHER VERFOLGER

Der Körper des Troodon ähnelte in seiner Form dem eines Straußes – im Gegensatz zu diesem war der Troodon jedoch ein echter Killer. Man schätzt, dass dieser Fleischfresser mehr als 100 Zähne besaß, die alle scharf und dreieckig waren, mit einem Wellenschliff zum Schneiden.

In der Nähe eines Fossils von einem Hadrosaurus-Baby fand man Zähne eines Troodons. Deshalb wird vermutet, dass er wehrlose Dino-Küken gejagt hat. Troodon bedeutet „verletzende Zähne" – der Name geht auf den Fund einen einzelnen spitzen Zahns zurück.

INTELLIGENT

Wegen seines ungewöhnlich großen Gehirns im Vergleich zu seinem Körpergewicht gilt der Troodon als intelligenter Dinosaurier.

KILLERZEHEN

Seine langen Beine erlaubten es dem Troodon, schnell zu rennen. Am Ende jeder zweiten Zehe saß eine gebogene Klaue, mit der er seinen Gegner schwer verletzen konnte.

ZUPACKENDE KLAUEN

Mit seinen Klauenhänden konnte der Troodon auch tasten und greifen, sodass er bei einer kleinen Beute fest zugreifen konnte.

NACHTSICHT

Mit seinen großen, nach vorn blickenden Augen hatte der Troodon ein gutes räumliches Sehvermögen. Außerdem konnte er auch im Dunkeln sehen und im Nebel oder nachts jagen – so wie eine Katze. In der Gruppe erlegten die Troodons auch Beutetiere, die viel größer als sie selbst waren.

TROODON GEGEN HAUSKATZE

Welche Maße hatten die Nachtjäger?

	TROODON	HAUSKATZE
HÖHE	1 m	0,20–0,25 m
GEWICHT	45 kg	3–4 kg
GESCHWINDIGKEIT	40 km/h	48 km/h
ANZAHL DER ZÄHNE	100+	30
SEHKRAFT	hervorragend	hervorragend

FURCHTERREGENDE ZÄHNE

Die Zähne der Dinosaurier waren härter als Knochen und sind deshalb häufiger als Fossilien erhalten. An fossilisierten Zähnen können Wissenschaftler vieles erkennen, z. B. wovon sich die Dinosaurier ernährten.

GEWALTIGE ESSER

Der Allosaurus, ein 3 Tonnen schweres Raubtier, das im Jura lebte, besaß Zähne mit gezackten Rändern. Sie waren 5–10 Zentimeter lang und recht schmal für ein Raubtier, aber sie waren spitz und nach hinten gebogen – perfekt, um große Stücke aus dem Fleisch der Opfer zu reißen. Abdrücke eines Allosaurus-Bisses wurden im Rückgrat eines Apatosaurus, einem riesigen Sauropoden, und im Nacken eines gepanzerten Stegosaurus gefunden – der Beweis der tödlichen Bisskraft seiner Zähne. Falls einer der Zähne abbrach oder abgenutzt war, fiel er aus und an der gleichen Stelle wuchsen neue Zähne nach.

FLEISCHSÄGEN

Einige Wissenschaftler vermuten, dass Raubtiere wie der Allosaurus ihre Zähne wie Raspeln benutzten, um Fleisch aus ihrer noch lebenden Beute zu schälen. Dann warteten sie, bis ihr Opfer verblutet war.

ZAHNTYPEN

Wir erkennen Pflanzenfresser an ihren hakenähnlichen Zähnen oder an ihren scharfen, aber zahnlosen Schnäbeln, die sich nur zum Grasen eigneten. Die Fleisch- und Fischfresser hingegen besaßen furchterregende Zähne – stark und scharf zum Festhalten der Beute, zum Reißen von Fleisch und zum Zermalmen der Knochen.

GIFTIGER BISS

Man glaubt, dass der Sinornithosaurus seine gebogenen, schlangenartigen Fangzähne dazu benutzte, um Gift in sein Opfer zu spritzen. Dieser gefiederte, vogelähnliche Dinosaurier war nicht größer als ein Truthahn. Aber indem er seine Beute mit einem giftigen Biss außer Gefecht setzte, konnte er auch Tiere töten, die viel größer als er selbst waren.

DINOSAURIER-DETEKTIVE

Die Stärke eines Dinosaurierbisses lässt sich an der Form und Größe eines Zahnfossils erkennen. Wenn man dann seine Kiefer nachbaut, zeigt sich die Kraft seiner Muskeln. Auch Zahnabdrücke auf dem Fossil eines Opfers können ein nützlicher Hinweis auf die Bissstärke sein. Allerdings weiß man nie wirklich, ob der Beißer sein Opfer selbst tötete oder ob es vielleicht schon vorher tot war.

BARYONYX

FISCHJÄGER

Der Baryonyx war zwar etwas kleiner als sein bekannter Verwandter Spinosaurus, aber genauso gefährlich. Er gehört zu den wenigen Fische jagenden Dinosauriern und besaß tödliche Waffen, die seinen Erfolg sicherstellten.

Obwohl der Baryonyx ein Landtier war, wird vermutet, dass er auch in Flüssen und Seen schwamm und von der Oberfläche des Wassers aus jagte. Er könnte Fisch aber auch von der Küste aus gefangen haben, wie ein Krokodil. Nachdem man die Knochen eines Iguanodon im Magen eines Baryonyx-Fossils gefunden hatte, schloss man daraus, dass er auch Fleisch gefressen hat.

STECKBRIEF

BARYONYX

BEDEUTUNG DES NAMENS: Schwere Klaue

FAMILIE: Spinosauridae

ZEIT: Frühe Kreidezeit

GRÖSSE: 2,5 m Höhe
10 m Länge

GEWICHT: 2 Tonnen

NAHRUNG: Fisch und Fleisch

EIN VOLLER MAGEN

Fossilisierte Rückstände von Fischschuppen, Fischknochen und halbverdaute Knochen eines Iguanodon im Magen eines Baryonyx geben Hinweise auf seine Nahrung.

KÄFIG VOLLER ZÄHNE

Seine 96 langen, spitzen Zähne waren wie geschaffen zum Fangen von Fischen. Er hielt die zappelnden, glitschigen Tiere fest, indem er sie auf seinen Unterkiefer drückte.

FISCHDIEB

Der Baryonyx besaß lange, krokodilartige Kiefer, die er ins Wasser tauchte, um Fische zu fangen. Wie ein Krokodil könnte er die Spitze der Kiefer benutzt haben, um jede Bewegung im Wasser wahrzunehmen. Er brauchte dann nur noch im richtigen Moment sein Maul zu öffnen, um ein vorbeischwimmendes Opfer zu schnappen.

RIESIGE KLAUEN

Baryonyx bedeutet „riesige Klaue". Der Name bezieht sich auf die 30 Zentimeter langen Klauen an seinen Daumen. Er könnte sie wie ein Messer benutzt haben, um den Fisch, den er gefangen hatte, aufzuspießen, aufzureißen und zum Fressen vorzubereiten. Seine Zähne waren dafür zu spitz.

RUDEL UND FAMILIEN

Prädatoren sind nicht immer nur alleine auf die Jagd gegangen. Einige, wie z. B. der Velociraptor, sind zum Jagen in Rudeln durch die Gegend gezogen.

GEMEINSAM STARK

Die Protoceratops haben vermutlich in großen Herden gelebt, um sich zu schützen. Wenn sich aber ein junges, krankes oder altes Tier von der Herde entfernte, wurde es zum Angriffsziel von Prädatoren wie dem Velociraptor. Mit seinen Hörnern und der Halskrause konnte ein Protoceratops vielleicht einen einzelnen Angreifer abwehren, aber gegen eine ganze Gruppe hatte er keine Chance.

TEAMARBEIT

Gemeinsam konnte ein Rudel von Velociraptoren mit einem einzelnen Protoceratops kurzen Prozess machen. So wie heutzutage ein Löwenrudel haben die Prädatoren zusammengearbeitet, um ihre Beute zu erlegen. Einer attackierte den gehörnten Kopf, während ein anderer den ungeschützten Rücken des Beutetieres angriff.

SCHUTZ DER FAMILIE

Sogar die stärksten Dinosaurier, wie z. B. der Allosaurus (siehe Bild), waren durch die Prädatoren bedroht. Sie nisteten in Gruppen, vermutlich um sich gemeinsam zu schützen. An einem Nistplatz des Allosaurus fanden Forscher versteinerte Knochen, die sowohl von ganz jungen als auch von alten Tieren stammten. Es gab jedoch keine von jungen Erwachsenen, wahrscheinlich weil sie stark genug waren, um sich alleine durchzuschlagen. Man fand an den Nistplätzen ebenfalls Knochen von Hadrosauriern mit Bissspuren von Allosauriern, was vermuten lässt, dass sich die Familien von ihnen ernährten.

DINOSAURIER-DETEKTIVE

Wir wissen, dass ein fleischfressender Dinosaurier, der Albertosaurus, in Rudeln umherzog, da in Kanada die versteinerten Knochen von 26 Albertosauriern entdeckt wurden. Die Dinosaurier waren unterschiedlich alt, von 2 bis 23 Jahren. Weitere 40 Allosaurier wurden in Utah, USA, gefunden. Wahrscheinlich waren sie im Schlamm gefangen gewesen und starben – zusammen mit den Dinos, die sie gejagt hatten.

DIE VERTEIDIGER

Ein Ankylosaurier schwingt seine schwere Schwanzkeule, um sich gegen eine Gruppe hungriger Albertosaurier zu verteidigen.

Das Zeitalter der Dinosaurier war eine gewalttätige Zeit mit wilden Kämpfen zwischen jagenden Karnivoren (Fleischfressern) und Herbivoren (Pflanzenfressern), die sich verteidigten. So wie fleischfressende Dinosaurier die Merkmale eine Raubtieres besaßen, hatten Pflanzenfresser ebenfalls besondere Vorrichtungen wie Schutzplatten, Stacheln, Hörner und kraftvolle, schwingende Schwänze.

Einige Dinosaurier suchten Schutz, indem sie in Herden lebten, genau wie neuzeitliche, grasende Tiere es tun. Strukturierte Haut ermöglichte eine gute Tarnung und die bloße Größe einiger Sauropoden konnte selbst die aggressivsten Jäger fernhalten.

WETTRÜSTEN

In der langen Geschichte der Dinosaurier gab es zwischen Jägern und Beutetieren eine Art Wettrüsten. Wurden die Fleischfresser größer, stärker und gefährlicher mit längeren Zähnen und kraftvolleren Klauen, entwickelten die Pflanzenfresser eigene Merkmale, um zu verhindern, dass sie gefressen wurden: Die Haut wurde dicker, die Körper größer, die Schwänze kraftvoller und die Hörner länger und schärfer. So entstanden einige der am furchterregendsten bewehrten Kreaturen, die jemals über den Planeten liefen.

WANDERNDER PANZER

Der Pflanzenfresser Ankylosaurus konnte durchaus einen Kampf mit dem aggressiven Jäger Albertosaurus durchstehen. Der Ankylosaurus war von einem dicken Schild aus knöchernen Höckern bedeckt. Große Platten schützten Kopf und Nacken und sogar die Augenlider. Vier Hörner saßen zur Abwehr auf der Rückseite seines Kopfes und sein keulenartiger Schwanz war eine wirkungsvolle Verteidigungswaffe. Somit war der Ankylosaurus nur von der Bauchseite her angreifbar.

TRICERATOPS

HORNGESICHTIGER KÄMPFER

Sogar der gefährliche T. rex konnte das Verteidigungssystem eines Triceratops nur schwer überwinden. Der Triceratops war einer der größten vierfüßigen Dinosaurier, die in der späten Kreidezeit grasten und sich gegen aggressive Jäger, wie den T. rex, verteidigen mussten.

Der Triceratops war wie ein gigantisches Rhinozeros gebaut und der größte unter den Ceratopsidae.

DREIHORNGESICHT

Triceratops bedeutet „Dreihorngesicht“. Sein riesiger Kopf nahm ein Drittel seiner Köperlänge ein. Die beiden Hörner, eines über jedem Auge, waren etwa 1 Meter lang.

STACHELIGER HALSKRAGEN

Die Nackenplatte, auch Kragen genannt, war groß und stabil und an den Kanten mit knöchernen Höckern versehen. Der Kragen könnte gemustert gewesen sein, um Partner anzuziehen. Er senkte dann seinen Kopf, um seinen Kragen zu zeigen – so wie ein Pfau seine Federn präsentiert.

QUETSCHZÄHNE

Die Zähne des Triceratops waren zum Grasen gut, aber weniger zum Kauen. Er zerquetschte die Pflanzen und schluckte sie dann hinunter.

ANGRIFF!

Wenn ein Triceratops Gefahr oder Konkurrenz eines anderen Männchens während der Brutzeit bemerkte, senkte er seinen Kopf wie ein Rhinozeros oder ein Bulle und griff sein Gegenüber an. In Verbindung mit seinem panzerschweren Körpergewicht wurden die scharfen Hörner zu tödlichen Waffen. Schon der Anblick eines Horns und des riesigen Kragens des Triceratops genügten vermutlich, um den Angreifer abzuschrecken.

TRICERATOPS GEGEN RHINOZEROS

	TRICERATOPS	RHINOZEROS
HÖHE	3 m	1,5–2 m
LÄNGE	8 m	3,5–4,5 m
GEWICHT	6–12 t	1–1,5 t
GESCHWINDIGKEIT	bis 26 km/h	55 km/h
ANZAHL DER ZÄHNE	400–800	24–34
HÖRNER	3	2

BEÄNGSTIGENDE SCHILDE

Eine bizarre Vielfalt von aggressiv aussehenden Hörnern und seltsamen Nackenplatten wurde auf stark bewehrten Ceratopsidae gefunden. Die meisten Raubtiere wurden abgeschreckt, wenn eine Herde mit diesem Aussehen auf sie zurannte. Eine andere Taktik zur Verteidigung war, den Angreifer zu umzingeln und dann den Kreis immer enger zu ziehen.

Da nicht alle Nackenschilde der Ceratopsidae groß waren, gibt es mehrere Vermutungen bezüglich ihrer Funktion: Sie könnten als Erkennungszeichen, zu welcher Herde sie gehörten, gedient haben. Eine andere Möglichkeit ist die Regulierung der Körpertemperatur. Vielleicht hatten die Nackenschilde auch mehrere Bedeutungen.

STACHELIG

Der Styracosaurus war mit einer Reihe furchteinflößender Stacheln und Hörnern ausgestattet. Neben einem massiven Nasenhorn ragten bis zu acht Stacheln aus seinem Nackenkragen und ein Horn entsprang aus jeder Backe. Vermutlich besaß ein junger Styracosaurus noch zwei weitere Hörner, eines über jedem Auge, die aber ausfielen, sobald die Tiere ausgewachsen waren.

LEICHTGEWICHT-MONSTER

Die Nackenschilde der Ceratopsidae müssen sehr schwer gewesen sein. Sie wurden aber leichter durch zwei große Löcher in der Knochenkonstruktion, die mit Haut bespannt waren. Zwei der Hörner erscheinen auch recht nutzlos, da sie mehr nach unten als nach außen gerichtet sind. Auf jeden Fall konnte das Nasenhorn in einem Zweikampf beim Gegner viel Schaden anrichten. Die Verwundbarkeit des löchrigen Schilds lässt vermuten, dass es eher zur Darstellung und Abschreckung diente, als zum Schutz. Von vorne gesehen sah der Kopf für einen Angreifer größer aus als er tatsächlich war.

DINOSAURIER-DETEKTIVE

Die meisten Erkenntnisse gehen auf Knochen-Fossilien zurück. Aber manchmal werden auch andere Teile gefunden, so wie dieser Abdruck einer Ceratopsidae-Haut. Er zeigt, dass die Haut aus kleinen Schuppen bestand, so wie bei einem Krokodil.

PACHYCEPHALOSAURIA

KRACHENDE DICKKÖPFE

Die zweibeinigen, pflanzenfressenden Pachycephalosauria werden auch „Dickkopfsaurier“ genannt. Wahrscheinlich gaben sie sich wie Ziegenböcke in Territorial- oder Partnerkämpfen gegenseitig Kopfstöße. Diese seltsame Taktik war möglich, weil sie eine feste Schicht aus dicken Knochen wie Sturzhelme außen über dem Kopf trugen.

Einige Wissenschaftler vermuten, dass diese Helme der Zurschaustellung dienten und nicht zum Schutz, da sie nicht hart genug waren, um das Rammen in einen anderen Kopf oder Körper zu überstehen. Der bekannteste unter den Knochenköpfen war der Stegoceras, von dem es zahlreiche fossile Funde gibt.

KOPFSTOSSER

Der Stegoceras könnte seinen Kopf genutzt haben, um seine Konkurrenten eher in die Seite statt auf den Kopf zu stoßen. So wurden ernsthafte Verletzungen verhindert.

STACHELIGE KRONE

Ein Kranz aus Beulen und Hörnern umgab den Kuppelkopf wie eine Krone. Das könnte zur Balz oder als zusätzlicher Schutz gedient haben oder auch, um einem Gegner damit größere Verletzungen zuzufügen.

STOSSDÄMPFER

Wissenschaftler berechneten, dass die Wirbelsäule und der Nacken des Stegoceras stark genug waren, um einen Zusammenprall auszuhalten, wenn das Tier seinen Kopf in einen Angreifer rammte.

DICKKOPF

Der Name Pachycephalosaurus bedeutet „dickköpfige Echse" und ist gut ausgesucht, denn seine Kopfkuppel war mehr als 20 Zentimeter dick. Mit seinen 6 Metern Höhe in aufrechter Haltung war er ein Riese unter den Pachycephalosauria. Seine drei Zahnarten deuten darauf hin, dass er sich möglicherweise von Pflanzen, Früchten und Insekten ernährte.

DINOSAURIER-DETEKTIVE

Bei einigen Pachycephalosauria könnte vermutlich eine hohe, horngleiche Krone von der Kuppel nach oben wie eine Art Zauberhut gewachsen sein. Nachweise von Blutsystemen in dem knochigen Kopfhelm deuten auf diese Möglichkeit hin. Wenn dem so war, dann vielleicht um während der Balz zu imponieren.

STEGOSAURUS

GEFÄHRLICHE STACHELN

Der Stegosaurus, ein pflanzenfressender, sehr großer Dinosaurier, besaß einige unglaubliche Abwehrmöglichkeiten, die ihm beim Überleben halfen. Und die brauchte er auch, da er zur gleichen Zeit wie einige der größten und gefährlichsten Jäger der Jurazeit lebte, zu denen der Allosaurus und der Ceratosaurus gehörten.

STACHELIGER NACKEN

Nacken und Hals gehörten zu den gefährdetsten Teilen des Körpers, wenn es zu tödlichen Bissen kam. Der Stegosaurus besaß deshalb Knochenplatten, die diese Körperregionen schützten.

DACHECHSE

Der Name des Stegosaurus bedeutet „Dachechse“ und bezieht sich auf die Rückenplatten. Er besaß insgesamt 17 Platten, wobei die größte etwa 76 Zentimeter groß war. Die Platten könnten während der Paarungszeit farbig geschimmert haben, um Partner anzuziehen.

STACHELN AM SCHWANZ

Zwei Paare von dornähnlichen Stacheln steckten seitlich am Ende des Schwanzes – eine gefährliche Verteidigungswaffe, die er in die Richtung eines jeden Angreifers schwingen konnte, der zu nahe kam.

KÖRPER-BOLZEN

Der Stegosaurus ist bekannt für die plattenartigen Stacheln, die an seinem Rücken entlangliefen. Er besaß aber auch Körperplatten für zusätzlichen Schutz. Seine Hinterbeine waren länger als seine Vorderbeine, was bedeutet, dass er sich recht schnell drehen und Angreifer mit seinem mit Spitzen besetzten Schwanz schlagen konnte.

KLEINES GEHIRN

Das Gehirn des Stegosaurus hatte nur die Größe des heutigen Hundes. Somit war er der Dinosaurier mit dem kleinsten aller Gehirne im Vergleich zur Körpergröße. Aber was ihm an Klugheit fehlte, machte er auf anderen Wegen wieder wett. Wissenschaftler glauben, dass er Backen besaß – relativ selten bei Dinosauriern –, die dem Pflanzenfresser halfen, seine Nahrung gut zu kauen.

GEHEIMNIS DER RÜCKENPLATTEN

Es gibt einige Hinweise darauf, dass die Rückenplatten mit Muskeln ausgestattet waren und dass der Stegosaurus sie in Richtung des Angreifers drehen konnte. Niemand weiß aber sicher, ob die Platten zum Schutz mit Horn bedeckt oder mit Haut überzogen waren, um die Temperatur des Stegosaurus zu regulieren. Wenn sie mit Haut überzogen waren, hätte sich das Blut in den Platten durch die Sonne aufwärmen können. Wurde es abends kälter, hätte dann die Wärme in den Körper strömen können. War dem Dinosaurier zu heiß, hätten die Platten die Körperhitze abgeben können.

STECKBRIEF

STEGOSAURUS

BEDEUTUNG DES NAMENS: Dachechse

FAMILIE: Stegosauridae

ZEIT: Später Jura

GRÖSSE: 4 m hoch
9 m lang

GEWICHT: 1,8–2 t

NAHRUNG: Pflanzen

ANKYLOSAURUS

ABWEHR-KÜNSTLER

Ankylosaurier waren bullige Pflanzenfresser mit einer eindrucksvollen Ansammlung von Verteidigungsstacheln, Platten und Knochenkeulen am Schwanz. Auch auf ihren Rücken besaßen sie dicke Platten und furchteinflößende Stacheln, die aus den Seiten ihrer Körper ragten.

DROHENDE KEULE

Mit der Knochenkeule am Ende des Schwanzes des Ankylosauriers konnten gefährliche Fleischfresser abgewehrt werden. Lange Knochen und kraftvolle Muskeln in seinem Schwanz verliehen ihm eine verheerende Kraft. Man nimmt an, dass der Ankylosaurier mit einem Schwung seines Schwanzes die Knochen eines jeden Angreifers zerschmettern konnte.

SCHÜTZENDER PANZER

Eine Panzerung schützte seinen Rücken, Nacken und die Schultern. Spitze Höcker erschwerten es dem Angreifer, nahe genug an das gewichtige Monster zu gelangen, um es umzudrehen und den weicheren Bauch anzugreifen.

KNOCHENLIDER

Selbst die Augen des Ankylosaurus waren geschützt. Sein Augenlid war genau wie der Rest seines Kopfes mit einem Helm aus Knochenplatten geschützt.

TÖDLICHE KEULEN

Die frühen Ankylosaurier der Kreidezeit, wie z. B. der Gastonia, waren klein. Aber in der späteren Kreidezeit wurden die Ankylosaurier von kräftigen Fleischfressern, wie dem Albertosaurus, bedroht. Sie wurden größer und schwerer und entwickelten eine Panzerung zur Verteidigung und tödliche Keulen an den Schwanzenden.

STECKBRIEF

ANKYLOSAURUS

BEDEUTUNG DES NAMENS: Versteifte Echse

FAMILIE: Ankylosauridae

ZEIT: Späte Kreidezeit

GRÖSSE: 1,7 m Höhe
6,25–11 m Länge

GEWICHT: 5,9–6,5 t

NAHRUNG: Pflanzen

SCHWERTSCHWANZ

Wenn der Gastonia im gleichen Teil Nordamerikas gelebt hätte wie der Utahraptor, dann wäre er von diesem wahrscheinlich angegriffen worden. Aber der Gastonia besaß einen dicken Panzer, der Nacken, Rücken und Schwanz schützte. Und an seinem Schwanz saßen messerähnliche Stacheln, die jedem Utahraptor Verletzungen zufügen konnten, der ihm zu nahe kam.

HADROSAURUS

LÄRMENDE ENTENSCHNÄBEL

Der Hadrosaurus war ein Entenschnabel-Dinosaurier mit einem langen, hohlen Kamm auf dem Kopf. Die verschiedenen Arten trugen unterschiedlich geformte Kämme und manche sahen sehr ungewöhnlich aus. Vermutlich dienten sie zur Erzeugung von Alarmsignalen.

Man nimmt an, dass der Kamm für Paarungsrufe genutzt wurde, um andere Hadrosaurier während der Paarungszeit anzulocken. Indem sie mehr oder weniger Luft durch den Kamm bliesen, konnten die Hadrosaurier die Lautstärke ihres Rufes erhöhen oder senken.

ACHTUNG!

Der hupende Alarmruf des Parasaurolophus könnte andere Tiere der Herde gewarnt haben, sodass sie fliehen oder nach Schutz suchen konnten. Obwohl sie die meiste Zeit auf vier Beinen verbrachten, konnten sie auch kurze Strecken auf zwei Beinen rennen, wenn ein Raubtier sie verfolgte.

ANGEBER

Der gebogene Kopfkamm war vermutlich leuchtend gemustert, um Angreifer zu warnen oder Partner anzuziehen. Männchen und Weibchen hatten vielleicht unterschiedlich große Kämme, wobei die Männchen die größten besaßen.

DURCHS GEBÜSCH SCHLEICHEN

Wenn er den Kopf erhoben hielt, könnte der hintere Teil des Kammes auf dem Rücken des Parasaurolophus geruht und dem Tier eine glatte, stromlinienförmige Form gegeben haben. Das half ihm, schnell und leise durch das Dickicht zu schlüpfen. Der Parasaurolophus fand vielleicht Sicherheit in Herden, vor allem, wenn sie sich ohne viel Lärm bewegten.

BEHELMTE ECHSE

Der Kamm des Corythosaurus war wie ein halber Teller geformt. Daraus entstand sein Name, der „Helm-Echse" bedeutet. Der Corythosaurus war am Unterkörper mit drei Plattenreihen geschützt. Diese könnten ihn vor Verletzungen durch stachelige Pflanzen im Unterholz geschützt haben.

DINOSAURIER-DETEKTIVE

Im Kamm des Parasaurolophus waren gebogene, hohle Röhren mit den Nasenlöchern verbunden. Wissenschaftler ließen Luft durch die Röhren fließen und fanden heraus, dass der Parasaurolophus einen lauten und tiefen Trompetenton ausstoßen konnte, wenn er durch die Nase schnaubte. Die hohlen Röhren dienten vielleicht als Resonanzkörper, so wie der leere Körper einer Gitarre, der die Lautstärke der Saiten verstärkt.

SAUROPODEN

LANGSCHWÄNZIGE RIESEN

Der beste Schutz der Sauropoden war ihre Größe. Schon ihre Beine waren so groß wie Baumstämme. Ein Titanosaurier wie der Ampelosaurus war viermal schwerer als ein Raubtier wie der Tarascosaurus. Aber wenn dieser hungrig war, riskierte der mörderische Fleischfresser dennoch einen Angriff. Sein Lohn war dann eine Mahlzeit, die für mehrere Tage reichte.

ERDRÜCKENDES GEWICHT

Ein Raubjäger würde es normalerweise vorziehen, schwache Opfer zu verfolgen, wie junge oder kleine Dinosaurier oder sogar Küken. Er würde es kaum riskieren, vom Gewicht eines Sauropoden platt gemacht zu werden. Wenn er aber hungrig genug war, hätte auch ein 9 Meter langer Tarascosaurus einen Ampelosaurus angegriffen, auch wenn dieser mit 15 Meter Länge viel größer war und zudem noch gut geschützt.

LEICHTE PANZERUNG

Entgegen der früheren, schwer gepanzerten Sauropoden war der Ampelosaurus zwar nur leicht gepanzert. Die Knochenpäckchen unter der Haut boten dennoch einigen Schutz gegen das Maul eines hungrigen Angreifers.

PEITSCHE UND STABILISATOR

Mit seinem Schwanz konnte der Ampelosaurus einen Verfolger schlagen. Er diente aber auch zum Ausbalancieren, wenn er sich zur Verteidigung auf die Hinterbeine erhob.

PEITSCHEN-SCHWUNG

Bei einer Länge von 27 Metern und einem Gewicht von bis zu 18 Tonnen besaß der Sauropode Diplodocus einen 14 Meter langen Schwanz, den er wie eine Peitsche gegen Angreifer schwingen konnte. Zwei Reihen Knochen unter seinem Schwanz machten ihn zu einer kraftvollen Waffe. Wenn diese mächtige Geißel peitschte, gab es vermutlich ein beängstigendes Geräusch.

DINOSAURIER-DETEKTIVE

Wir wissen, dass der Schwanz des Diplodocus nicht so schwer war, dass er auf dem Boden schleifte, denn es wurden keine Schleifspuren neben seinen Fußspuren entdeckt.

MUSTER UND FEDERN

Früher dachten die Wissenschaftler, die Dinosaurier hätten ein farbloses und langweiliges Aussehen gehabt. Nach neueren Erkenntnissen geht man jedoch davon aus, dass sie gemusterte Haut und hell schattierte Federn hatten.

Die Muster dienten wahrscheinlich der Tarnung und erlaubten es dem Angreifer, sich unbemerkt an die Beute zu schleichen – und der Beute, sich vor ihm zu verstecken.

SCHATTIERUNGEN

Wir kennen nicht die genauen Töne oder Schattierungen von Dinosaurierhaut, da die Farbpigmente in Fossilien nicht erhalten bleiben. Vermutlich waren es helle Farben, um Weibchen anzulocken.

MUMIFIZIERTE HAUT

Neben Knochen wurde auch Haut auf mumifizierten Schnabeltieren gefunden. Sie hatte ein gestreiftes Muster – der erste Beweis dafür, wie Dinosaurierhaut wirklich aussah und wie sie zur Tarnung gedient hatte.

VOR WEM VERSTECKTEN SIE SICH?

Die Hadrosaurier (siehe Bild) wurden von einigen der gefährlichsten Fleischfresser, wie dem Tyrannosaurus rex, verfolgt.

ERSTE FEDERN

Im Jahr 1996 wurde in einem Steinbruch in China eine spektakuläre Entdeckung gemacht: das erste Dinosaurier-Fossil, an dem ein Federkleid erkennbar war. Es stammte von einem Sinosauropteryx, einem kleinen Fleischfresser aus der frühen Kreidezeit. Seine Federn waren vermutlich zur Tarnung gemustert. Aufgrund von Untersuchungen vermuten Wissenschaftler, dass sein langer Schwanz abwechselnd orange und weiß geringelt war, wie bei einer getigerten Katze.

DINOSAURIER-DETEKTIVE

Gut erhaltene, fossile Federn sind selten zu finden, jedoch wurden Federn des Anchiornis, einem vogelähnlichen Dinosaurier, gefunden und untersucht. Mit einer detaillierten Analyse fanden die Wissenschaftler heraus, dass seine Körperfedern schwarz, weiß sowie leicht silbern und sein Kopfkamm rot waren.

SCHWERGEWICHTE IN HERDEN

Viele Dinosaurier haben in Herden gelebt. In der Gruppe gab es mehr Augen, die den Feind sehen, und Ohren, die ihn hören konnten. Wenn eines der Tiere eine Gefahr wahrnahm und wegrannte, folgten ihm die anderen.

Früher nahmen die Forscher an, dass die größten pflanzenfressenden Dinosaurier alleine lebten, da sie, wie der Triceratops, starke Verteidigungsschilde besaßen. Aber dann entdeckte man, dass selbst große Bestien in Herden wanderten. So fand man in Kanada Hunderte von Centrosaurus-Knochen am gleichen Platz – der beste Beweis für eine große Herde.

TITANOSAURIER-TEENIES

Die Fossilien von drei jungen Titanosauriern wurden eng beieinander gefunden. Sie könnten in einer Flut gestorben sein, vor der sie nicht fliehen konnten, weil sie zu jung und schwach waren. Junge Titanosaurier wurden vermutlich von einer Herde beschützt: So konnte ein verwundbares Baby nur schwer von einem Raubtier herausgepickt werden, da es von riesigen erwachsenen Tieren umgeben war.

GEPANZERTE SCHAFE

Der Protoceratops besaß nur die Größe eines Schafes und seine schwache Nackenplatte diente auch nur der Zurschaustellung. Die Dinosaurier bewegten sich vermutlich in Herden, denn als Individuen hätten sie sich zur Verteidigung ziemlich abmühen müssen. Wir wissen, dass sie verwundbar waren, denn es wurde ein Fossil gefunden, das von einem Velociraptorskelett umwickelt war – es sah aus, als seien beide mitten in einem Kampf gestorben.

MAUERN VON HÖRNERN

Wie Moschusochsen oder andere horntragende Tiere, könnte auch der Triceratops eine Verteidigungsmauer in Form einer Linie oder eines Kreises gebildet haben, wobei alle Tiere gemeinsam den Angreifern ins Gesicht blickten. Das könnte genügt haben, um jeden Angreifer abzuschrecken.

DIE REKORDBRECHER

Die größten Dinosaurier waren die Titanosaurier. Die riesigen Sauropoden würden jedes heute lebende Landtier klein aussehen lassen. Einige waren größer als ein fünfstöckiges Gebäude, hatten die Länge von drei Autobussen und das Gewicht von 10 Afrikanischen Elefanten.

Sogar die größten der fleischfressenden Dinosaurier, wie der Giganotosaurus, waren noch kleiner als die pflanzenfressenden Sauropoden. Aber diese grausamen Jagdmaschinen waren auf andere Weise Rekordbrecher: Sie besaßen die größten Zähne und die kraftvollsten Kiefer. Und sie konnten Dinosaurier töten, die viel größer als sie selbst waren.

REKORDBRECHENDE WAFFEN

Dinosaurier besaßen die schärfsten Zähne, die längsten Klauen, die aggressivsten Schwänze und konnten die tödlichsten Schläge austeilen, die in der Natur bekannt sind. Ihre Zähne waren die stärksten Waffen: Die Zähne von Tyrannosaurus rex waren bis zu 23 Zentimeter lang, die von Giganotosaurus waren mit 20 Zentimetern nur unwesentlich kürzer.

Zwei hungrige Giganotosaurier hätten sich sogar mit einem rekordbrechenden Titanosaurier messen können.

TITANEN

Die Titanosaurier, die höchsten, längsten und schwersten Dinosaurier der Welt, wurden nach den Titanen benannt, den mächtigen Göttern des antiken Griechenland. Einer war Antarctosaurus, der vermutlich eine Länge von bis zu 30 Metern hatte. Als Weidetier war er ein sanfter Riese, der den ganzen Tag Pflanzen rupfte, wenn er nicht angegriffen wurde.

GIGANOTOSAURUS: GRAUSAMER GIGANT

Aufgrund ihrer Größe mussten die Giganotosaurier einen riesigen Appetit gehabt haben – und Hunger überwand jede Angst, einen Titanosaurier anzugreifen. Wenn die beiden gewaltigen Kreaturen miteinander kämpften, schnellte der Giganotosaurus auf seine Beute zu, um eine Wunde zu reißen, während der Titanosaurus seinen peitschenartigen Schwanz zur Abwehr schwang.

DIE TITANOSAURIER

DIE SCHWERGEWICHTE

Die Super-Schwergewichte der Dinosaurierwelt waren die gigantischen Sauropoden, die Titanosaurier. Mit ihren langen Nacken und Schwänzen hatten sie eine Rekordlänge von 35 Metern und ein Gewicht von 100 Tonnen.

DOPPELTER GEWINNER

1987 fand ein Förster ein Fossil eines Argentinosaurus-Beines, das so groß war, dass er dachte, es sei ein Teil eines Baumes. Seitdem gilt der Argentinosaurus als doppelter Rekordhalter: als der schwerste (mit 88 bis 110 Tonnen) und der längste (bis zu 35 Metern) aller Dinosaurier. Mit Hilfe von Computern wurde herausgefunden, wie sich solch eine große Kreatur bewegen konnte. Die Antwort war: sehr langsam – mit nur 5 km/h, trotz seiner langen Beine.

Bevor sein Fossil verloren ging, war der Rekordhalter in Gewicht und Größe der Amphicoelias: Das Fossil, ein einziger Wirbel mit wirklich mächtigen Proportionen, ließ auf ein Tier von 60 Metern Länge und einem Gewicht von mehr als 125 Tonnen schließen.

GEPANZERTE TITANEN

Einige der Titanosaurier, wie der Saltasaurus, waren zwar sehr schwer (ca. 11 Tonnen), aber nicht groß genug, um dadurch geschützt zu sein. Stattdessen bedeckten seinen Rücken harte, knochige Platten und Höcker, mit denen Jäger abgehalten werden sollten.

ARGENTINOSAURUS GEGEN AFRIKANISCHER ELEFANT

	ARGENTINOSAURUS	AFRIK. ELEFANT
LÄNGE	35 m	7,5 m
HÖHE	21 m	4 m
GEWICHT	120 t	7 t
GESCHWINDIGKEIT	8 km/h	40 km/h
NAHRUNG	Pflanzen	Pflanzen

KLEINSTE DINOSAURIER

Nicht alle Dinosaurier waren schwergewichtige Giganten. Vor allem während der Jura- und Kreidezeit gab es viele Dinosaurier, die nur bis zur menschlichen Taille oder sogar bis zum Knie reichten. Aber selbst die kleinsten waren aggressive Jäger mit Kiefern voller scharfer, schneidender Zähne.

Der Compsognathus hält den Rekord als kleinster ungefiederter Dinosaurier. Kleiner war nur der gefiederte Microraptor, der den Rekord als kleinster vogelähnlicher Dinosaurier hält. Auf der Suche nach Beute konnten beide sehr schnell rennen und kleine Reptilien, Insekten oder Fische schnappen.

AUSBALANCIERT

Der lange Schwanz half dem Compsognathus, die Balance zu halten, während er hinter seiner Beute herrannte. Wegen seiner langen Beine war er ein schneller Läufer.

ECHSEN-MAHLZEIT

Der Compsognathus war mit nur 1 Meter kleiner als ein Truthahn. Er fraß vermutlich kleine Tiere und Insekten. Das Fossil einer unglücklichen Echse wurde im Magen eines fossilisierten Compsognathus gefunden – seine letzte Mahlzeit, bevor er starb.

SCHÖNE KIEFER

Compsognathus bedeutet „zierlicher Kiefer" – aber ihrer Beute erschienen sie wohl weniger hübsch. Seine Zähne waren vorne scharf und weiter hinten gezackt.

DER PLÜNDERER

Microraptor bedeutet „kleiner Räuber“. Dieser rabengroße Dinosaurier ist mit einer Länge von etwa 40 Zentimetern der kleinste, gefiederte, vogelähnliche Dinosaurier, der bisher gefunden wurde. Er nutzte seine gefiederten Gliedmaßen möglicherweise, um von Baum zu Baum zu gleiten, denn zum richtigen Fliegen waren sie nicht gebaut.

DINOSAURIER-DETEKTIVE

War es klein oder nur jung? Diese Frage müssen sich die Wissenschaftler gestellt haben, als sie die kleinen Dinosaurierüberbleibsel fanden. Das kleinste Skelett, das man fand, war ein Mussaurus mit 37 Zentimetern Länge. Später zeigte sich, dass es ein Küken und noch nicht ausgewachsen war.

DER ALLERGRÖSSTE JÄGER

SPINOSAURUS

Der erste Preis für den größten Jäger geht an dieses rätselhafte Monster, das aussah, als hätte es den Kopf eines Krokodils und den Körper eines Drachens. Er war einer der wunderlichsten Dinosaurier und sein Name „Spinosaurus“ bedeutet „Dornenechse“.

NIE AUSSER ATEM

Der Spinosaurus musste nicht seinen Atem anhalten, wenn er hungrig sein Maul ins Wasser stieß. Seine Nüstern saßen weit oben am Kopf, weit außerhalb des Wassers, und ermöglichten ihm so das Weiteratmen.

HAUT UND STACHELN

Das gewaltige Segel des Spinosaurus bestand aus langen Rückenstacheln, über denen die Haut gespannt war. Es diente entweder dazu, andere Dinosaurier zu bedrohen oder um die Körperhitze zu kontrollieren – oder vielleicht für beides.

FALLE

Die Spinosauridae hatten mehr Zähne als andere Fleischfresser. Sie waren aber kleiner und hakenförmig gebogen – ideal zum Fangen und Greifen von glitschigem Fisch.

FILMSTAR

Der Spinosaurus wurde durch den Film *Jurassic Park III* berühmt. Das Monster mit dem schmalen Kiefer war sogar größer als der Giganotosaurus und der Tyrannosaurus rex. Es unterschied sich von anderen Fleischfressern auch durch seine Jagdgebiete, denn es jagte bevorzugt in Flüssen und Seen nach Fisch. Der zweite Preis für den größten Jäger geht an den Carcharodontosaurus – ein anderes riesiges Raubtier.

STECKBRIEF

SPINOSAURUS

BEDEUTUNG DES NAMENS: Dornenechse

FAMILIE: Spinosauridae

ZEIT: Frühe Kreidezeit

GRÖSSE: 5 m Höhe, 18 m Länge

GEWICHT: 22 t

NAHRUNG: Fisch und vielleicht Fleisch

ZWEITER PLATZ

Der Carcharodontosaurus war ein wuchtiger Fleischfresser von 15 Metern Länge. Er besaß einen der größten Schädel, die jemals entdeckt wurden (1,53 Meter lang). Obwohl er länger war als der des T. rex, hatte er einen kleineren Hohlraum für das Gehirn, weshalb es vermutlich nicht so groß war. Er besaß riesige gebogene und sägeartige Zähne, die bis zu 20 Zentimeter lang waren.

TÖDLICHE DINOSAURIER

Der Tyrannosaurus rex wird oft als tödlicher Dinosaurier beschrieben. Sein Skelett, vor allem die Kiefer und Zähne, sind ein Hinweis für die unglaubliche Beisskraft und Fähigkeit zum Töten. Mehr als 100 Jahre lang hielt er den Rekord als größter Fleischfresser.

KNOCHENBRECHER

Der Tyrannosaurus hatte einen dreimal kraftvolleren Biss als der Giganotosaurus. Er konnte Knochen krachen lassen und die härteste Haut durchbeißen. Seine nach hinten gebogenen Zähne machten es unmöglich, dass seine Opfer ihm entkamen, wenn er sich einmal festgebissen hatte.

BALANCEAKT

Der große, schwere Schwanz hielt seinen Körper aufrecht und half, die Balance zu halten, wenn er Kopf und Kiefer seinem Opfer entgegenschwang.

RAMMBOCK

Der Tyrannosaurus rex könnte sein Gewicht eingesetzt haben, um kleinere Beutetiere zu erdrücken. Die kraftvollen Beine hielten seinen großen Körper, dennoch konnte er aufgrund seiner Größe vermutlich nicht sehr schnell rennen. Als größter Jäger sah er sich wahrscheinlich kaum Gefahren gegenüber, vor denen er schnell hätte wegrennen müssen. Andererseits ist es gut vorstellbar, dass diese Monster sich auch gegenseitig angegriffen haben.

EINE MENGE REISSZÄHNE

Obwohl wir nicht wissen, ob er die schärfsten Zähne besaß, hält der Tyrannosaurus rex den Rekord für die größten Dinosaurierzähne. Wissenschaftler fanden auch heraus, dass er den kräftigsten Biss aller bekannten Landtiere hatte.

DINOSAURIER-DETEKTIVE

BODY-BUILDER

Wenn man alle fossilen Skelette zusammenfügt, kann man herausfinden, wo die Muskeln des T. rex befestigt waren. Die Länge seiner Knochen und ihre Bauweise geben Auskunft über die Stärke und Größe der Muskeln, die dieser Jäger benötigte, um seine Opfer zu erbeuten und zu töten. An den Knochen erkennen wir, wie er die anderen Dinosaurier seiner Zeit übertraf.

BISSSTÄRKE

Woher wissen wir, dass der T. rex einen so kraftvollen Biss besaß? Durch Scannen eines Schädels kann ein Computermodell von Gebiss und Muskeln des Dinosauriers erstellt werden. Der Computer berechnet dann die Kraft seines Bisses. Diese Kraft, wenn die oberen und die unteren Zähne aufeinanderschlugen, wurde mit 3 bis 6 Tonnen errechnet. Im Vergleich dazu beträgt die Kraft eines menschlichen Bisses nur 110 bis 130 Kilogramm.

WOLKENKRATZER

Der längste Dinosaurier war der Sauroposeidon, was „Echse des Poseidon“ bedeutet. Poseidon war der griechische Gott des Meeres und der Erdbeben – und der Sauroposeidon sieht aus wie ein mystisches Wesen. Er lebte aber tatsächlich und graste in der Kreidezeit die hoch wachsenden Pflanzen ab.

Die größten und längsten Dinosaurier waren die Sauropoden. Sie lebten als Pflanzenfresser, die sich auf vier Beinen fortbewegten und ihre Hälse nutzten, um die Blätter hoch oben zu erreichen. Mit den langen Hälsen konnten sie auch Blätter in sumpfigen Gegenden erreichen und dabei mit den Füßen auf festem Boden stehen. Die Diplodocidae, wie der Supersaurus, besaßen die längsten Hälse von allen.

STELZENLÄUFER

Der Sauroposeidon lief auf vier Beinen, wobei die vorderen länger als die hinteren waren. Als von diesem Tier zum ersten Mal fossilisierte Halsknochen gefunden wurden, dachte man, es handele sich um prähistorische Baumstümpfe und nicht um Knochen, weil sie so groß waren. Wissenschaftler vermuten, dass sich dieser Riese bis in 17 Meter Höhe strecken konnte – höher als ein fünfstöckiges Gebäude. Die Halswirbel waren mit kleinen Löchern versehen, was sie leichter machte. Ohne diese Löcher wäre es dem Tier unmöglich gewesen, Hals und Kopf zu heben.

SUPERHALS

Der Supersaurus („Superechse") ist einer der Bewerber für den Rekord „längster Hals". Gewonnen hat er bisher jedoch nicht, weil erst sehr wenige Fossilien gefunden wurden. Verglichen mit Halsfossilien ähnlicher Dinosaurier war sein Nacken vermutlich länger als ein Bus (14 Meter). Wie andere Sauropoden besaß er einen kleinen Kopf, was bedeutet, dass sein Gehirn relativ klein war und er nicht der klügste Dinosaurier gewesen sein kann. Seinen langen dünnen Schwanz benutzte er wie eine Peitsche, um Raubtiere fernzuhalten. Ein harter Schlag konnte ernsthafte Verletzungen verursachen oder einem Angreifer zumindest eine unangenehme Überraschung bereiten.

SAUROPOSEIDON GEGEN GIRAFFE

	SAUROPOSEIDON	GIRAFFE
LÄNGE	34 m	4,7 m
HÖHE	17 m	6 m
GEWICHT	60 t	1,6 t
GESCHWINDIGKEIT	8 km/h	bis zu 60 km/h
NAHRUNG	Pflanzen	Pflanzen

DINOSAURIEREIER-REKORD

Die meisten Dinosaurier, von den Sauropoden-Giganten wie Brachiosaurus bis zu den Killer-Theropoden wie Tyrannosaurus rex, begannen ihr Leben als kleine und verletzliche Küken, die aus einem Ei geschlüpft waren. Wenn sie nicht gut bewacht wurden, waren sie eine leichte Beute für Fleischfresser.

Selbst die größten Dinosaurier stammten aus überraschend kleinen Eiern. Theropodeneier waren nur 10–15 Zentimeter lang, während die kleinsten gefunden fossilen Eier eines Dinosauriers sogar leicht auf eine Handfläche gepasst hätten, da sie nur 6,5 Zentimeter lang waren.

FUSSBALLGROSSE EIER

Die Eier des Hypselosaurus sind Rekordbrecher: Sie waren die ersten Dinosauriereier, die gefunden wurden und auch fast die größten, die je entdeckt wurden. Mit 30 Zentimetern Länge waren sie größer als ein Fußball. Man vermutet, dass Dinosaurierküken sehr schnell wachsen mussten, um die gigantische Größe eines ausgewachsenen Dinos zu erreichen. Wahrscheinlich wuchsen sie während ihres gesamten Lebens weiter, so wie es manche neuzeitliche Reptilien tun.

GRAUSAME WELT

Dinosauriermütter legten zwischen 3 und 20 Eier auf einmal ab. Leider wurden die meisten nicht ausgebrütet, da sie von vorbeiziehenden Raubtieren verschlungen wurden.

EIERJAGD

Eine Entdeckung von Dinosauriereiern ist sehr selten. Am häufigsten werden sie in alten Überschwemmungsgebieten und Sanddünen gefunden. Das größte Lager an Dinosauriereiern wurde an einem Küstenstreifen in Nordspanien entdeckt. Es enthielt etwa 300 000 Eier. Dabei fand man auch Dinosaurier-Embryonen in den Eiern.

VERLORENE EIER

Einige der größten Eier wurden vom Sauropoden Apatosaurus gelegt. Das Muttertier legte die Eier vermutlich sogar während des Laufens ab und kümmerte sich weder um den Nestbau noch um die Küken. Wie alle Eier von Sauropoden waren die Eier des Apatosaurus eher rund. Theropodeneier hatten eine längliche Form.

DINOSAURIEREIER GEGEN STRAUSSENEIER

	HYPSELOSAURUS-EIER	STRAUSSEN-EIER
LÄNGE	30 cm	15 cm
BREITE	25 cm	13 cm
INHALT	2 l	1,4 l
GEWICHT	7 kg	1,4 kg

DIE SCHNELLSTEN

DINOSAURIER

Während der Kreidezeit wurden kleinere Dinosaurier häufig von großen Killertieren, wie dem Albertosaurus, bedroht. Beim Anblick eines Raubtiers blieb ihnen nichts anderes übrig als wegzurennen. Die Schnellsten konnten am besten überleben und niemand war schneller als die „Straußendinosaurier".

Die eigenartige Gruppe der Ornithomimosaurier („Vogelimitator-Dinosaurier") gehörte zu den Theropoden. Sie waren Allesfresser und erstaunlich gut zu Fuß. Die Schnellsten unter ihnen waren der Dromiceiomimus und der Struthiomimus.

INSEKTENFRESSER?

Der Dromiceiomimus besaß einen zahnlosen, vogelähnlichen Schnabel und schwache Kiefer. Damit konnte er wohl keine großen lebenden Tiere erlegen. Vielleicht fing er Insekten und auch Echsen, um seine Pflanzennahrung anzureichern.

STRAUSSENBEINE

Der Körper des Dromiceiomimus sah einem Strauß zwar nicht sehr ähnlich, aber seine schlanken Beine mit den langen Schienbeinen verliehen ihm eine straußenähnliche Geschwindigkeit. Sie betrug bis zu 80 km/h – so schnell wie ein fahrendes Auto.

SPRINTERBEINE

Wie Sprinter eine gute Trittfläche an den Schuhen benötigen, um nicht zu rutschen, nutzten die Dinosaurier ihre drei Klauenzehen für zusätzlichen Halt.

STROMLINIENFÖRMIG

Ein anderer nordamerikanischer Straußendinosaurier, der Struthiomimus, war mit etwa 1,80 Meter Höhe so groß wie der Dromiceiomimus. Sein Körper war stromlinienförmig, weshalb er sehr schnell rennen konnte. Möglicherweise war er mit Federn bedeckt. Wenn er rannte, half ihm der Schwanz dabei, die Balance zu halten. Seine kurzen Arme und die Hände mit drei Fingern waren womöglich nur stark genug, um Äste beiseitezuschieben und in Insektennestern zu stochern.

DINOSAURIER-DETEKTIVE

Dinosaurierspuren liefern Hinweise darauf, wie schnell die Tiere rennen konnten. Größe und Form der Spuren werden mit denen von heute lebenden ähnlichen Tieren, wie Emu oder Strauß, verglichen. Daraus lassen sich die Laufart und die Geschwindigkeit berechnen.

LANGE KLAUEN

Zu den tödlichsten Waffen der Dinosaurier gehörten ihre Klauen. Der Therizinosaurus besaß unglaubliche Klauen an den Vorderbeinen, die längsten aller Dinosaurier. Der Utahraptor war nicht nur der größte Killerraptor, er hatte auch die größten Zehenklauen in seiner Gruppe.

Die scharfen, gebogenen Klauen des Utahraptors waren gefährliche Waffen beim Angriff und bei der Verteidigung. Der Therizinosaurus hingegen nutzte seine mächtigen Handklauen eher nicht zum Angriff, da dieser seltsam aussehende Gigant vermutlich ein Pflanzenfresser war.

SENSEN-KLAUEN

Therizinosaurus bedeutet „Sensenechse". Seine Klauen waren 58 Zentimeter lang. Diese gruseligen Hände mit drei Fingern saßen am Ende der Arme, die ausgestreckt unglaubliche 2,45 Meter lang waren. Die Klauen wurden vielleicht zum Heranziehen von Ästen genutzt, um die Blätter zu fressen, oder um sich damit gegen Raubtiere zu verteidigen.

STECKBRIEF

THERIZINOSAURUS

BEDEUTUNG DES NAMENS: Sensenechse

FAMILIE: Therizinosauridae

ZEIT: Späte Kreidezeit

GRÖSSE: 10 m

GEWICHT: bis 2,7 t

NAHRUNG: Pflanzen

FURCHTERREGENDE ZEHEN

Mit einer Länge von 7,6 Metern war der Utahraptor vielleicht der größte dieser ungemütlichen Raptoren. Die tödlichen, sensenscharfen Klauen an seiner zweiten Zehe konnten bis zu 24 Zentimeter lang werden – ein Rekord bei den Raptoren. Die Klauen konnten hilfreich sein, um Hadrosaurier oder kleinere Sauropoden mit einem hautaufschlitzenden Schlag niederzustrecken. „Raptor“ bedeutet „Räuber“ und die zupackenden Finger des Utahraptors hingen wie saugende Blutegel an ihren Opfern.

PANZERHARTER

SCHUTZ

2003 wurde in Mexiko der riesige Schädel eines Dinosauriers gefunden, mit den eindrucksvollsten Hörnern, die man je gesehen hatte. Zwar wurden schon vorher lange Hörner von Dinosauriern, wie dem Triceratops, entdeckt, aber diese Hörner eines Coahuilaceratops brachen alle Rekorde.

Der riesige Schädel des Coahuilaceratops war 1,80 Meter lang und mit Hörnern bewehrt, die direkt über den Augen wuchsen. Diese Hörner konnten bis zu 1,20 Meter lang werden. Der Dinosaurier besaß einen dicken, kräftigen Hals, der das Gewicht der Hörner tragen konnte.

ABSCHRECKENDE HÖRNER

Die Ceratopsidae, wie der Coahuilaceratops, waren Pflanzenfresser. Ihre Hörner dienten dem Schutz, um Raubtiere und rivalisierende Männchen abzuschrecken. Kämpfe zwischen Coahuilaceratops könnten mit ernsthaften Verletzungen oder sogar mit dem Tod eines der Rivalen geendet haben.

GEPANZERTER PFLANZENFRESSER

Der am stärksten geschützte Dinosaurier war zweifellos der Ankylosaurus. Dieser Pflanzenfresser der späten Kreidezeit war mit Knochenplatten sowie Höckern und Stacheln schwer gepanzert. Dadurch gelang es Angreifern nicht, sich in seinen Rücken zu verbeißen.

Auch sein Kopf war durch dicke Platten geschützt und vier scharfe Hörner saßen auf seinem Rücken. Die schwere Keule am Ende seines Schwanzes konnte Knochen brechen, wenn sie gegen Angreifer geschwungen wurde.

COAHUILACERATOPS GEGEN NASHORN

	COAHUILACERATOPS	NASHORN
LÄNGE	6,7 m	3,8–5 m
HÖHE	1,8–2,1 m	1,5–1,8 m
GEWICHT	3,6 t	3,6 t
HÖRNER	2	1–2
HORNLÄNGE	bis zu 1,3 m	bis zu 1,5 m

DIE HIMMELSSTÜRMER

Während die Dinosaurier das Land beherrschten, waren die Pterosaurier die Tyrannen des Himmels. Diese kräftigen Reptilien flogen über das Meer, über Küsten und auch manchmal über das Binnenland, um nach Insekten zu schnappen, Fische zu fangen oder Aas zu greifen.

Manche besaßen feste zahnlose Schnäbel, während andere nadelscharfe Zähne hatten. Sie tauchten vor etwa 200 Millionen Jahren auf und hatten ihre Hoch-Zeit in der späten Jurazeit. Ihre Größe reichte von der eines kleinen Vogels bis zum flugzeuggroßen Monster. Pterosaurier werden in zwei Gruppen unterteilt: die Pterodactyloidea und die Rhamphorhynchoidae.

Der geflügelte Pterosaurus schwebte während der Jurazeit über der Küste und war so unerreichbar für die fleischfressenden Dinosaurier.

GEFLÜGELTE WUNDER

Pterosaurus bedeutet „geflügelte Echse". Die Schwingen dieser Reptilien waren aus ledriger, elastischer Haut. Diese dehnte sich vom Körper über den sehr langen vierten Finger aus. An den anderen Fingern saßen Klauen. Die Flügel waren zwar dünn, aber stabil genug, um damit zu fliegen.

SPITZZAHNIGER SCHRECKEN

Der Rhamphorhynchus besaß lange Fangzähne, einen spitzen Schnabel und eine 1,80 Meter breite Flügelspanne zur Stabilität – perfekt für einen Fischjäger. Mit seinen breiten Schwingen konnte er über Seen und Meer fliegen und dabei mit seinen scharfen Augen nach Fisch suchen.

FISCHKORB

In seiner Kehle saß vermutlich ein Hautsack wie bei einem Pelikan, mit dem er mehrere Fische auf einmal fangen konnte.

RAUTENFÖRMIGES RUDER

Der Schwanz hatte am Ende die Form einer Raute, was ihm erlaubte, durch die Luft zu steuern wie mit dem Ruder eines Bootes.

SCHNABEL-SCHNAUZE

Rhamphorhynchus bedeutet „Schnabel-Schnauze“. Sein vorspringender Schnabel enthielt 34 nadelscharfe Zähne. Sie ragten aus den Seiten und an der Spitze heraus. Der Schnabel sah aus wie ein mit Dornen besetzter Käfig, sodass selbst der glitschigste Fisch nicht entkommen konnte.

Seine Jagdmethode bestand möglicherweise darin, dass er seinen Schnabel unter Wasser tauchte und seine Beute fing. Manche Wissenschaftler denken, dass er mit seiner Schöpfmethode mehrere Fische auf einmal einfangen konnte – dabei fuhr er mit dem geöffneten Schnabel wie ein Pflug durch das Wasser. Sein Name zeigt, zu welchen der beiden Pterosaurier-Gruppen er gezählt werden muss: Er gehörte zu den Rhamphorhynchoidea und war kein Pterodactylus. Die Rhamphorhynchoidea besaßen längere Schwänze als die Pterodactyloidae.

TÖDLICHE ZÄHNE

Der Eudimorphodon, ein anderer aus der Gruppe der Rhamphorhynchoidae, besaß mehr als 100 Zähne und einige davon hatten mehr als nur eine Spitze. Diese Masse an Zähnen endete für jeden Fisch, den er fing, tödlich und erlaubte kein Entkommen. Mit seinen langen, gebogenen Zehenklauen konnte er sich an Bäumen oder Klippen festhalten. Von diesen erhöhten Positionen aus konnte er leicht aufsteigen. Der Eudimorphodon ist einer der frühesten Pterosaurier.

FLUGSAURIER-DETEKTIVE

Woher wissen wir, was der Pterosaurus fraß? Die Zahntypen sind ein Hinweis, aber der beste Beweis ist der fossilisierte Mageninhalt der Tiere, so wie die Fischschuppen, die im Magen eines Eudomorphodon gefunden wurden.

PTERANODON

FURCHTERREGENDE FÄNGER

Mit einer dreimal größeren Flügelspanne als der Königsadler und einem spitzen Kopf, länger als sein Körper, war der Pteranodon ein furchterregender Pterosaurier. Während der späten Kreidezeit suchte er die Küsten nach Nahrung ab. Er tauchte nach Fischen, Kalmaren und anderen Meerestieren.

Obwohl er keine Zähne hatte, waren seine Kiefer kraftvoll. Einige Pteranodon hatten einen langen, nach hinten gebogenen Kamm, der ihnen ein aggressives, spitzhackenförmiges Profil gab. Wie alle Pterodactyle besaß der Pteranodon keinen Schwanz, weshalb der Kamm wie ein Ruder wirkte und beim Wenden half, wenn er durch den Himmel glitt.

KAMM-SCHAU

Der Pteranodon war berühmt für seinen Kamm. Fossilien zeigten, dass der Kamm unterschiedlich groß war. Deshalb wird vermutet, dass er weniger beim Fliegen half, sondern von den Männchen benutzt wurde, um Partnerinnen anzulocken. In diesem Fall ist es wahrscheinlich, dass die Kämme bunt gemustert waren.

SCHRECKLICHER SCHNABEL

Der Schnabel des Pteranodon war mit 1,20 Metern länger als sein gesamter Körper. Seine Form ermöglichte es, tief ins Wasser zu tauchen, Fische zu fangen und diese im Ganzen zu verschlingen.

IN DIE LUFT STARTEN

Am Strand bewegte sich der Pteranodon vermutlich auf allen Vieren fort. Einige Wissenschaftler glauben, dass sich der Pteranodon von einem hohen Berg aus selbst in den Himmel katapultierte. Andere glauben, dass er auf der Wasseroberfläche landen und dann wieder aufsteigen konnte, so wie die heutigen Möwen.

ULTRALEICHTES FLUGGERÄT

Seine Flügel waren so breit wie die eines Leichtflugzeugs, verfestigt mit Knorpel und gestützt mit Knochen. Mit solch großen Flügeln musste der Pteranodon wohl nicht sehr oft schlagen, um voranzukommen. Er konnte sich schnell bewegen und mit Leichtigkeit Fische fangen.

DAMALS UND HEUTE

Im Film *Jurassic Park III* werden Flugsaurier gezeigt, die Menschen in ihren Klauen tragen. Hätte das wirklich passieren können? Nachdem die Muskelkraft von Pteranodonknochen anhand von Fossilien berechnet wurde, zeigte sich, dass sie dafür nicht stark genug waren. Sie konnten aber problemlos einen großen Fisch tragen.

GEFRÄSSIGER

PTEROSAURUS

Die furchterregenden Kiefer des Pterosaurus kamen in vielen Formen vor. So besaß zum Beispiel der Cearadactylus Kiefer, die denen der Krokodile ähnelten, während die Kiefer des Pterodaustro eher an diejenigen der heutigen Flamingos erinnerten.

Andere Pterosaurus hatten löffelförmige, nach oben gebogene oder verzierte Kiefer. Der Pterosaurus passte sich sehr gut der Umwelt an und beschaffte sich die Nahrung, die er zum Überleben brauchte. Seine Kiefer waren zum Fangen und Fressen von Fischen, Schalentieren, Insekten oder Aas geeignet – er besaß das perfekte Werkzeug zum Zerdrücken, Sieben und Beißen.

KEIN ENTKOMMEN

Am Ende der krokodilartigen Kiefer des Cearadactylus saß ein Halbkreis von ineinandergreifenden nadelartigen Zähnen. Einmal gefangen, konnte kein Fisch der tödlichen Falle entkommen. Die hinteren Zähne waren kleiner und weniger scharf. Das deutet darauf hin, dass er kaum kauen konnte und seinen Fang vermutlich im Ganzen verschlang.

PINZETTENSCHNABEL

Die Kiefer des Dsungaripterus hatten eine nach oben gebogene Spitze, mit der er Muscheln abbrach. Außerdem saßen knochige, knubbelförmige Zähne entlang der Kiefer. Mit den fest geschlossenen Kiefern, die er wie eine Pinzette oder Zange einsetzte, konnte er seine lebende Beute aus den Schalen holen.

EINE ART FLAMINGO?

Die langen, gebogenen Kiefer des Pterodaustro lassen vermuten, dass dieser Pterosaurier sich sein Essen auf Flamingo-Art beschaffte: Wenn er den Kopf ins Wasser senkte, schaufelte er allerlei Meeresgetier in sein Maul, das in den über 500 Borsten im Unterkiefer hängenblieb. Zahlreiche kleine, stumpfe Zähne im Oberkiefer bürsteten die Nahrung dann in die Kehle. Da er sich vor allem von pinkfarbenen Shrimps ernährte, hätte er auch so rosafarben sein können wie ein Flamingo …

PTERODAUSTRO GEGEN FLAMINGO

	PTERODAUSTRO	FLAMINGO
KÖRPER-BEDECKUNG	Fell	Federn
LÄNGE	1,3 m	1 m
FLÜGELSPANNE	3 m	1 m
GEWICHT	2–4,5 kg	2–4 kg

DIMORPHODON

ZAHNSCHNABEL-JÄGER

Der Dimorphodon war ein gefährlicher Fisch- und Insektenjäger. Sein Kopf war aufgrund seiner starken Kiefer und der vielen spitzen Zähne ungewöhnlich groß. Seine Zähne waren ideal zum Aufspießen und Wegtragen von Fisch. Möglicherweise lebte er auf hohen Bäumen oder Klippen. Von dort konnte er sich zum Fliegen abstoßen und nach Nahrung jagen – zugleich war er vor den Raubdinos sicher.

GROSSE BISSE

Mit seinem starken Schnabel konnte der Dimorphodon auch große Fische erwischen und Insekten während des Fliegens fangen. Es ist möglich, dass der Schnabel zur Balz gemustert war, so wie bei Papageientauchern oder Tukanen, um während der Paarungszeit Aufmerksamkeit zu erregen.

FLÜGELGEFLATTER

Die Flügel des Dimorphodon waren nicht so breit wie die anderer Pterosaurier. Er musste deshalb kräftiger und schneller mit ihnen schlagen, um seine Nahrung aus dem Wasser zu holen.

KLAMMERNDE KLAUEN

Der Dimorphodon besaß Greifklauen an seinen Händen und Füßen, sodass er sich gut an Baumstämme oder Seeklippen klammern konnte.

LEICHTGEWICHT

Der große Schädel des Dimorphodon hatte Hohlräume, damit er zum Fliegen leichter war. Mit seinem stromlinienförmigen Schnabel konnte er leicht durch die Lüfte gleiten. Um zum Fliegen vom Boden abzuheben, setzte er die Flügel wie Hebel ein – ähnlich einem Stabhochspringer, der zum Hochspringen einen Stab benutzt.

MUND-SPEERE

Der Schnabel des Dimorphodon enthielt tödliche Waffen. Sein Name bedeutet „Zweiform-Zahn" und kommt daher, dass er zwei Formen von Zähnen besaß: An den Seiten seiner Kiefer saßen bis zu 40 kleine, scharfe Zähne und an der Spitze zwei längere, spitze Zähne.

DIMORPHODON GEGEN PAPAGEIENTAUCHER

	DIMORPHODON	PAPAGEIENTAUCHER
LÄNGE	1 m	25 cm
FLÜGELSPANNE	1,2–1,8 m	47–63 cm
GEWICHT	2267 g	500 g
FLUGGESCHWINDIGKEIT	unbekannt	88 km/h
FÜSSE	mit Krallen	mit Schwimmhäuten

PELZIGE FEINDE

Rhamphorhynchoide waren warmblütig und möglicherweise bepelzt, was sie fast niedlich aussehen ließ. Zu Fischen, Insekten und anderen Tieren, die sie jagten, waren sie jedoch nicht sehr freundlich …

Je mehr Rhamphorhynchoide-Arten sich entwickelten, umso vielfältiger wurde ihre Jagdtaktik. Sie hatten eigenartige Körpermerkmale, die sie wie Monster aussehen ließen. Warum das so war, konnten die Wissenschaftler bis heute nicht klären.

KILLERZÄHNE

Der Jeholopterus hatte eine Flügelspanne von 1 Meter und war so groß wie eine Hauskatze. An der Spitze seiner Kiefer saßen lange, kräftige Fangzähne – wie die Fangzähne einer Klapperschlange. Die Klauen des Jeholopterus waren auch schärfer und länger als die anderer Pterosaurier. Seine Kiefer konnten sich weit öffnen, um während des Fluges Insekten zu fangen.

DAMALS UND HEUTE

Könnte der Jeholopterus ein Blutsauger gewesen sein, so wie neuzeitliche Vampirfledermäuse? Die Wissenschaftler vermuten, dass die langen Fangzähne genutzt wurden, um die dicke Haut von Dinosauriern anzustechen und dann das Blut auszusaugen. Sie glauben, dass sie auch die scharfen Klauen genutzt haben könnten, um die Haut der Dinosaurier während eines Angriffs aufzuschlitzen. Es gibt jedoch nur wenige Beweise für diese Theorie.

HAARIGER HORROR

Schon der Name dieses Rhamphorhynchoiden, Sordes, klingt gruselig: Sordes bedeutet „böser Geist“. Er wurde wegen seiner seltsamen pelzartigen Körperbedeckung so genannt. Abgesehen von dem nackten Schwanz und den Schwingen, bedeckten kurze Haare den gesamten Körper des Tieres. Daraus schlussfolgerten Wissenschaftler, dass dieser Flugsaurier ein kaltblütiger Killer gewesen sei – doch er war warmblütig wie die Vögel! Der Pelz hielt ihn warm und dämpfte seine Körpergeräusche beim Fliegen. So war es viel einfacher, die Beute zu überraschen.

QUETZALCOATLUS

RIESIGER GEIER

Angsteinflößend und majestätisch schwebte der Quetzalcoatlus durch den Himmel der späten Kreidezeit. Er war die größte fliegende Kreatur, die jemals lebte und ein Riese, der mit dem größten Vogel, dem Wanderalbatros, vergleichbar ist. Für seine Nahrung hat er vermutlich Fisch aus dem Meer geholt, Aas gerissen oder in flacheren Seen und Küsten nach Krustentieren und Muscheln gesucht.

DIE GEFIEDERTE SCHLANGE

Der Quetzalcoatlus wurde nach dem Quetzalcoatl, der mystischen, gefiederten Schlange, benannt. Diese wurde früher von den Menschen in Mexiko, den Tolteken und den Azteken, angebetet und verehrt. Zwar war der Quetzalcoatlus nicht gefiedert, aber seine schlanken Kiefer, sein langer Hals, der Kopfkamm und die Größe verliehen ihm eine Ehrfurcht gebietende Erscheinung – passend zu den mächtigen Dinosauriern dieser Zeit.

Der Quetzalcoatlus könnte auch kleine und junge Dinosaurier gejagt haben. Ein verletzter Dinosaurier war gewiss ein schöner Fund für diese riesige hungrige Kreatur.

TRANSATLANTISCHER FLIEGER

Der Quetzalcoatlus war ein Leichtgewicht mit einem Skelett aus hohlen Knochen und er hatte auch keine schweren Zähne. Deshalb konnte er mit seinen mächtigen Schwingen größere Entfernungen ohne Zwischenhalt bewältigen, so wie heutzutage ein Passagierflugzeug. Er stieg mit warmer Luft auf und glitt mit den Brisen und Strömungen dahin. Auf diese Weise brauchte er nur selten mit den Flügeln zu schlagen. Bei der Suche nach Nahrung legte er mit bis zu 130 km/h Distanzen von über 19 000 Kilometern zurück – das ist fast die Hälfte einer Weltumrundung!

QUETZALCOATLUS GEGEN ULTRALEICHTFLUGZEUG

	QUETZALCOATLUS	ULTRALEICHT-FLUGZEUG
FLÜGELSPANNE	11 m	9 m
GEWICHT	100 kg	300 kg
GESCHWINDIGKEIT	130 km/h	250 km/h

GEKRÖNTE WETTKÄMPFER

Der Nyctosaurus besaß einen der längsten Kopfkämme aller Pterosaurier. Der knochige, L-förmige Auswuchs war mit einer Länge von 0,5 Metern viermal länger als sein Schädel.

Dieser mächtige Schmuck sollte vermutlich andere Pterosaurier, mit denen er um die besten Futterplätze konkurrierte, abschrecken. Wie ein Hirsch sein Geweih während der Paarungszeit in Kämpfen einsetzt, so könnte der männliche Nyctosaurus seinen Kamm in Luftkämpfen eingesetzt und ihn dabei wie ein Schwert durch die Luft geschwungen haben.

FEHLENDE KLAUEN

Seltsamerweise hatte der Nyctosaurus am zweiten, dritten und vierten Finger keine Klauen. Ohne diese war es nicht möglich, sich an Klippen oder an Bäumen festzuhalten. Vermutlich patrouillierte er deshalb die meiste Zeit durch die Luft.

AUFSTEIGEN UND GLEITEN

Die Form des Körpers und der Flügel von Nyctosaurus weisen darauf hin, dass er ein hervorragender Flieger war, scharf wenden konnte und die Luftströmungen geschickt nutzte, um seinen Flug zu beschleunigen.

FISCH-SPIESSE

Der lange, spitze Schnabel war perfekt zum Aufspießen von Fisch.

KLEINFLIEGER

Der kleine Pterosaurier Tapejara besaß einen Kamm, der aus zwei mit Haut bespannten Knochen geformt war. Dieser diente vermutlich mehr der Zurschaustellung als dem Fliegen. Der Tapejara flog kurze Strecken während des Tages und der Nacht. Dabei schnappte er mit dem kurzen, nach unten gebogenen Schnabel den Fisch. Allerdings glauben einige Forscher, dass der Schnabel gar nicht zum Essen von Fisch geeignet war, sondern eher von Früchten. Manche vermuten auch, dass der Tapejara seinen Schnabel dazu nutzte, um Fleisch aus Aas zu reißen.

HAUTSEGEL

Es gibt zwar keine fossilen Beweise, aber man nimmt an, dass der Kamm ein Hautsegel gestützt hat. Dieses könnte der Zurschaustellung gedient oder bei der Aerodynamik geholfen haben: Durch das Drehen des Kopfes fing das Segel Luftströmungen ein, die schnelle Wendungen im Flug ermöglichten.

STECKBRIEF

NYCTOSAURUS

BEDEUTUNG DES NAMENS: Nachtechse

FAMILIE: Nyctosauridae

ZEIT: Späte Kreidezeit

GRÖSSE: 2,9 m Flügelspanne

GEWICHT: 5–10 kg

NAHRUNG: Fisch

SCHARFÄUGIGE KILLER

Ein Pterosaurier brauchte sehr gute Augen und ein schnell reagierendes Gehirn, um beim Fischfang die Beute anpeilen zu können. Der Anhanguera besaß ein großes Gehirn, sodass er sein schwimmendes Ziel verfolgen konnte, während er seinen Flug für den Angriff koordinierte.

SCHRÄGE FÜSSE

Wenn der Anhanguera sich hinsetzte, sah er vermutlich sonderbar aus: Seine kleinen Beine ragten rechts und links des Körpers heraus, da er sie nicht wie ein Vogel unter dem Körper verstauen konnte.

ALTER TEUFEL

In der Kreidezeit entwickelten die Pterosaurier einige seltsame Merkmale. Der Anhanguera („Alter Teufel") hatte kleine Wülste an Ober- und Unterkiefer nahe der Schnabelspitze. Seine Zähne waren scharf und saßen am äußeren Rand des Kiefers. Sie sahen aus wie ein Fischernetz aus knochigen Spitzen.

EMPFINDLICHE FLÜGEL

Die Flügel wurden über das Gehirn gesteuert und nahmen jede Luftbewegung wahr, die den Flug beeinflussten.

FLUGSAURIER-DETEKTIVE

Der fossilisierte Schädel eines Pterosaurus gibt uns über die Größe und die verschiedenen Teile seines Gehirns Auskunft. Große „Sehlappen" zeigen, dass seine Sehkraft gut war, kleinere „Riechlappen" legen nahe, dass der Pterosaurier keinen guten Geruchssinn besaß.

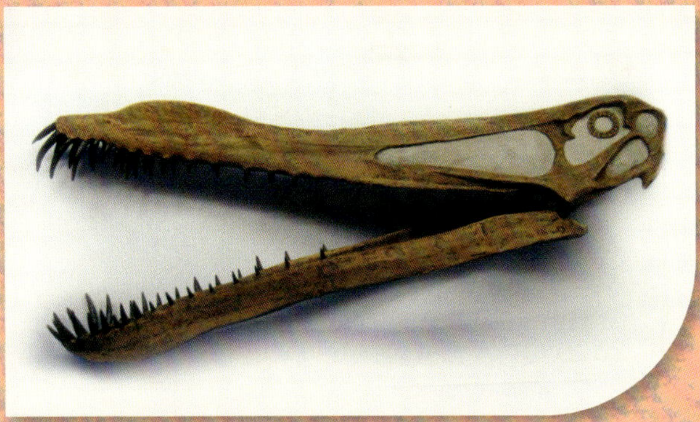

GROSS

Der Ornithocheirus besaß eine Flügelspanne von 5 Metern, was ihn zum größten fliegenden Reptil der mittleren Kreidezeit machte. Auf seinem Schnabel saß ein kleiner Kamm, aber im Gegensatz zum Anhanguera war dieser halbkreisförmig und befand sich näher an der Spitze. Vielleicht half ihm der Kamm dabei, beim Fischfang den Schnabel ins Wasser zu drücken. Seine Zähne zeigten nicht nach außen, sodass sie weniger wie ein Fischernetz funktionierten, sondern eher zum Schnappen von größeren Fischen dienten.

VOGELÄHNLICHE BEISSER

Die ersten vogelähnlichen Kreaturen waren den heutigen Vögeln noch nicht sehr ähnlich, sondern besaßen die Ausstattung eines Dinosauriers mit Flügeln, Klauen und scharfen, spitzen Zähnen. Der älteste dieser Tiere, der Archaeopteryx, lebte zusammen mit den Dinosauriern der Jurazeit.

Der Archaeopteryx besaß wie die heutigen Vögel Federn. Sie halfen ihm, zu fliegen und seinen Körper warm zu halten.

GEMUSTERTE FEDERN?

Wir wissen, dass einige der Federn des Archaeopteryx schwarz waren. Aber vielleicht hatten sie wie die heutigen Vögel eine helle Färbung, um einen Partner anzulocken, oder sie hatten gemusterte Federn wie andere vogelähnliche Tiere, zum Beispiel der Sinosauropteryx.

LANGE FINGER

Seine Arme hatten sich zu Flügeln entwickelt, aber er besaß noch Finger mit Klauen, wie der Dinosaurier Troodon. Er konnte möglicherweise seine Flügel unter der Brust falten, sodass sich die Klauen überlappten.

BEISSENDE ZÄHNE

Der Archaeopteryx besaß die Größe eines Raben. Aber im Gegensatz zu den heutigen Vögeln hatte er scharfe spitze Zähne zum Zerreißen seiner Beute.

GROSSE FÜSSE

Große Füße und Zehen ermöglichten es dem Archaeopteryx, sich an Zweigen festzuhalten. Seine Beine waren auch stark genug, um über den Boden zu laufen und nach Nahrung zu suchen.

KNOCHIGER SCHWANZ

Der Schwanz des Archaeopteryx war knochig und bestand nicht nur aus Federn. Sein Körper ähnelte sehr den heutigen Vögeln, obwohl er vermutlich kein guter Flieger war. Für ihn bestand das Fliegen eher aus ausgiebigem Flügelschlagen und Fliegen über kurze Strecken, bevor er wieder zum Boden schwebte.

ZAHNLOSER SCHNABEL

Der Confuciusornis besaß keine Zähne – er war einer der ersten Vögel mit Schnabel. Sein Schnabel könnte aber scharf genug gewesen sein, um so fest zuzubeißen wie eine Gans. Im Vergleich zu seinem Körper und zu anderen Vogel-Vorgängern hatte er die längsten Federn. Aber da er keinen fächerförmigen Schwanz zum Fliegen besaß, war er kein wendiger Flieger, besonders bei niedrigen Geschwindigkeiten. Anhand von Fossilien konnte man sehen, dass sein Gefieder verschiedene Farben hatte, darunter Rot, Braun und Schwarz.

FLUGSAURIER-DETEKTIVE

Der Archaeopteryx war eine bedeutende Entdeckung, weil man an ihm die Entwicklung von Vögeln aus den Dinosauriern ableiten konnte. Er ist das fehlende Glied in der Entwicklungskette zwischen den Theropoden mit Federn (mit Knochenschwanz und scharfen Zähnen) und den Merkmalen der heutigen Vögel (Federn und Gabelbein zwischen Nacken und Brust) dar.

DIE SEEMONSTER

Eine riesige Meeresschildkröte versucht, sich aus den tödlichen Kiefern eines gefräßigen Tylosaurus zu befreien.

Einige der tödlichsten und gruseligsten Kreaturen, die jemals lebten, schwammen in den prähistorischen Meeren. Da gab es furchtbare „See-Echsen" wie den Tylosaurus, riesige Schildkröten, gefährliche Haie, Ichthyosaurier mit mächtigen Kiefern und langhalsige Plesiosaurier.

Großraubtiere wie der Tylosaurus, ein schnell schwimmender Mosasaurier, waren gefährliche Killer, die selbst große Beute wie Schildkröten und Haie leicht verschlingen konnten. Der Tylosaurus könnte sich sogar von Dinosaurierfleisch ernährt haben, weil Spuren seiner Zähne am Körper eines Hadrosauriers gefunden wurden.

GIGANTEN DER OZEANE

Der prähistorische Ozean beherbergte einige Riesenversionen von Kreaturen, die mit heute lebenden Tieren verwandt sind. Zum Beispiel war der Archelon die größte jemals bekannte Schildkröte. Er war über 4 Meter lang und hatte das Gewicht eines Autos. Auf dem Rücken trug er einen lederartigen Panzer. Seine Beute, die aus Krustentieren oder Quallen bestand, schnappte er mit seinem kraftvollen, scharfkantigen Schnabel. Der Archelon wurde bis zu 100 Jahre alt und überwinterte vielleicht auf dem Grund dcs Ozeans.

MUSCHELSCHOCK

Im Zeitalter des Devon waren die urzeitlichen Meere mit seltsam aussehenden, gepanzerten Tieren bevölkert. Am bekanntesten sind die Trilobiten und die Ammoniten, da man von ihren Außenskeletten gut erhaltene Fossilien gefunden hat.

Ammoniten besaßen spiralförmige Gehäuse, die zu riesigen Größen wachsen konnten. Viele von ihnen, wie der Oxynoticeras, waren gute Schwimmer, während andere langsam schwimmende Bodenkriecher waren. Sie haben Angreifer vermutlich mit dem Ausstoßen von Farbe abgewehrt, so wie es die heutigen Oktopusse und Tintenfische tun.

STARKES GEHÄUSE

Das Gehäuse eines Ammoniten war kräftig genug, um auch in großen Tiefen zu schwimmen, ohne dass der Druck es zerstört hätte. Die inneren Kammern waren mit Gas gefüllt, was dem Ammoniten beim Aufsteigen half.

GROSSER SOFTIE

Direkt hinter dem Eingang des gedrehten Muschelgehäuses saß der weiche Körper des Ammoniten Hildoceras. Er drückte mehrere Wasserstrahlen durch die Düsen seines Körpers, um durch das Wasser zu gleiten, meist gemeinsam mit anderen Tieren auf der Suche nach Nahrung.

TASTENDE TENTAKEL

Mit den Tentakeln fing er seine Nahrung und stopfte sie in sein versteckt liegendes Maul. Man glaubt, dass sich der Hildoceras von Plankton, mikroskopisch kleinen Organismen, ernährte.

KUGELRUND

Trilobiten lebten mehr als 270 Millionen Jahre lang auf dem Meeresgrund, wo sie nach Nahrung suchten. Es gab viele Arten von Trilobiten, die alle ausgestorben sind – ihre Nachkommen sind die heute lebenden Schaben und Tausendfüßer. Im Laufe ihres Lebens legten sie ihr schützendes Außenskelett mehrmals ab und es entstand an derselben Stelle ein neues. Sie schwammen in Gruppen von bis zu 1000 Tieren als Schwarm, wo sie geschützt waren, bis der neue Panzer sich entwickelt hatte. Sahen sie sich einer Gefahr gegenüber, rollten sie sich zusammen, um ihren weichen Bauch zu schützen.

STECKBRIEF

AMMONITEN

BEDEUTUNG DES NAMENS: Benannt nach dem ägyptischen Gott Ammon

FAMILIE: Hildoceratidae

ZEIT: Devon bis Kreidezeit

GRÖSSE: Bis zu 2 m Durchmesser

GEWICHT: 5–10 kg

NAHRUNG: Plankton

Der gedrehte Panzer eines Ammoniten war in einzelne Kammern unterteilt. Die Tiere lebten in der größten, äußersten Kammer. Wenn das Tier zu groß für eine Kammer wurde, ließ es eine neue Kammer wachsen und schlüpfte dort hinein. Wissenschaftler glauben, dass es etwa vier Wochen dauerte, bis eine neue Kammer fertig war, wodurch sie pro Jahr ca. 13 Kammern anlegen konnten. Man kann das Alter eines Ammoniten bestimmen, indem man die Kammern in seinem Gehäuse zählt.

CAMEROCERAS

TENTAKEL-TERROR

Im Zeitalter des späten Kambrium schwammen große, tintenfischähnliche Mollusken (wirbellose Weichtiere) im Ozean. Der schaurige Cameroceras war das größte und bekannteste dieser Raubtiere: Er wurde bis zu 9 Meter lang.

Der Cameroceras fraß vermutlich jede Beute, die er mit seinen gefährlichen Tentakeln erreichen konnte, wie beispielsweise den kieferlosen Fisch, der zu dieser Zeit die Meere bewohnte.

TÜCKISCHES HORN

Die hornförmige Schale dieser Kreatur besaß separate Kammern wie der Ammonit (Cameroceras bedeutet „Kammer-Horn"). Wenn das Tier wuchs, wuchs auch das Horn und passte sich an die veränderte Größe an. Das Tier lebte im obersten Drittel, nah an der Öffnung, sodass es herausschnellen und seine Beute packen konnte. In den hinteren Kammern befand sich Gas, das dem Tier dabei half, sich auf und ab zu bewegen.

EIN KANNIBALE?

Dem Cameroceras wird manchmal unterstellt, er sei ein Kannibale gewesen, der seine Jungen fraß. Die Wissenschaftler sind sich jedoch nicht sicher, woraus seine Nahrung bestand oder wie er jagte, da bisher nur sein Panzer als Fossil gefunden wurde. Alle Nachweise seines weichen Körpers sind verrottet und haben keine Anhaltspunkte, wie zum Beispiel den Mageninhalt, zurückgelassen.

FANGGRIFF

Der Cameroceras besaß viele lange Tentakel mit klebrigen Haken, die zum Fangen der Beute dienten.

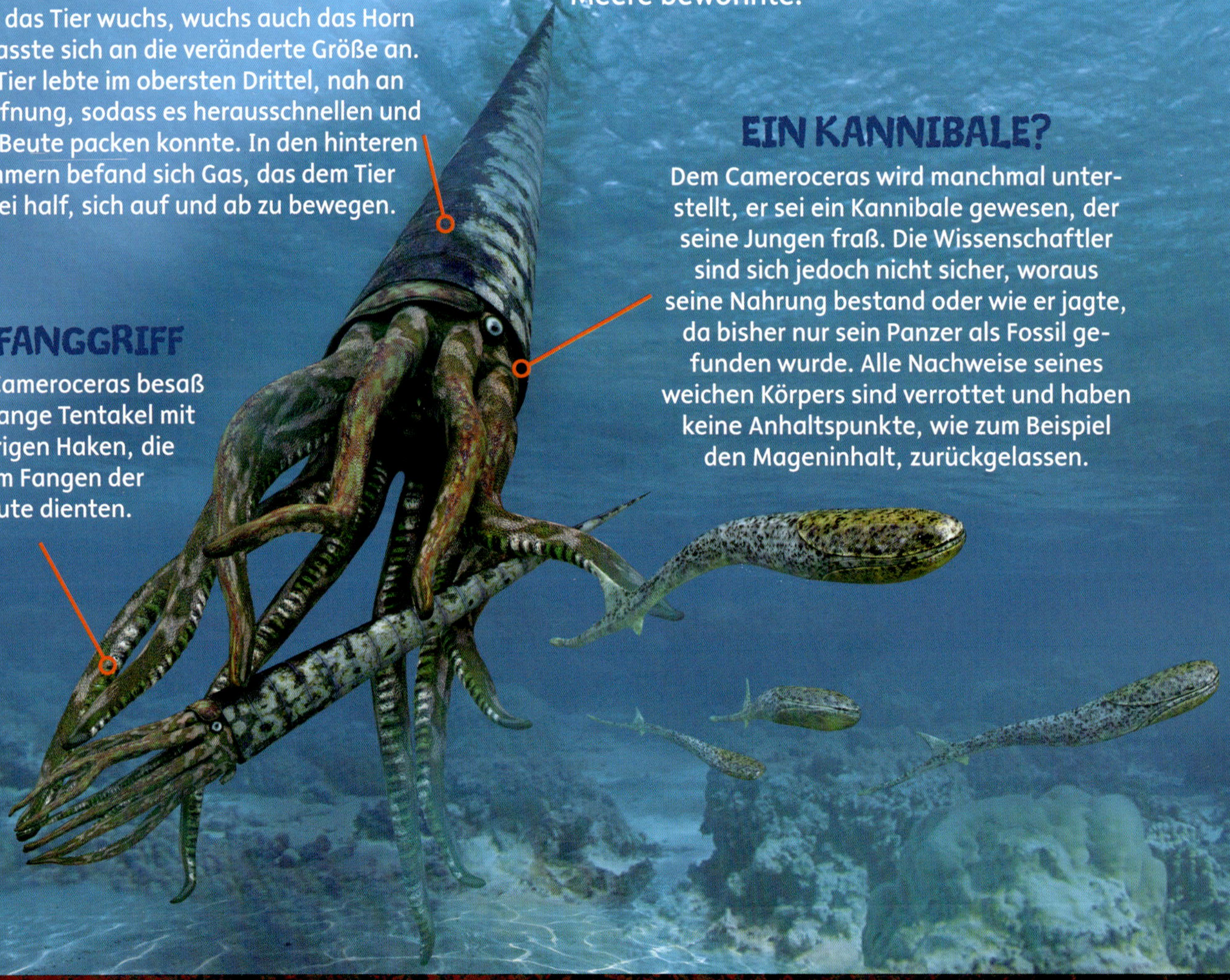

BEUTESUCHE

Wie heutige Tintenfische könnte auch der Cameroceras seine Beute entdeckt haben, indem er seinen Geruchssinn oder seine gut entwickelten Augen einsetzte. Weil er so groß war, hielt er sich vielleicht am Meeresgrund auf, wo er lauernd auf vorbeiziehende Kreaturen wartete. Hatte er ein Opfer entdeckt, wurde die Mahlzeit gefangen und dann in den kleinen hornigen, schnabelartigen Mund gesteckt. Es gab wohl kaum eine Chance zur Flucht.

DAMALS UND HEUTE

Aufgrund eines fossilisierten Stückes seines Panzers konnte man die Größe eines Cameroceras schätzen. Wissenschaftler können anhand von heute lebenden, verwandten Arten wie Tintenfisch, Sepien oder Kraken herausfinden, wie die Vorgängertiere damals lebten.

GEFÄHRLICHE HAIE

Wie auch heute noch waren Haie die größte Gefahr in den prähistorischen Meeren. Allerdings waren die Haie damals viel größer und gefährlicher. Nachdem die Dinosaurier ausgestorben waren, durchpflügte der Megalodon mit einem Gewicht von bis zu 100 Tonnen die Meere. Er war das größte maritime Raubtier in der Geschichte dieses Planeten.

Der Megalodon war länger als ein Schulbus – und dreimal länger als der heutige große Weiße Hai. Seine Zähne waren über 15 Zentimeter lang und damit die größten in der prähistorischen Welt. Der Megalodon besaß auch den kräftigsten Biss von allen Kreaturen, die jemals lebten, mit einer Bisskraft von 11–18 Tonnen – stark genug, um den Schädel eines Wales zu zertrümmern.

SEEMONSTER-DETEKTIVE

Als man die fossilisierten Zähne eines prähistorischen Haies fand, dachte man zuerst, es seien Zungen, weil sie so groß waren. Hier sieht man den Zahn eines Megalodon, der dem eines Weißen Haies ähnlich ist: dreieckig, scharf und gezackt. Die Zacken dienten als Säge, um sich durch das Fleisch zu schneiden, wenn der Hai seine Beute von einer zur anderen Seite schüttelte.

KEIN ENTKOMMEN

Der Megalodon war ein flinker Jäger, da seine langen Flossen ihm schnelle Wendungen ermöglichten. Er wartete ab, bis die Wale zum Luftholen an die Oberfläche schwammen, und überfiel sie dann. Vermutlich griff der Hai von unten an und biss die Tiere in den Unterbauch, bevor diese entkommen konnten.

GIGANTEN DER OZEANE

Man nimmt an, dass der Körper des Megalodons bis zu 20 Meter lang war. Damals gab es kein anderes Meerestier, das stark genug gewesen wäre, um es mit diesem Monsterhai aufzunehmen.

RIESENBISS

Die Kiefer des Megalodons waren so riesig, dass eine Person in einem weit geöffneten Maul hätte stehen können. Sein Biss war so kraftvoll, dass es einem Tier, das er gepackt hatte, unmöglich war, lebend zu entkommen. Mit seinem großen Hunger und diesem riesigen Biss konnten selbst große Wale sein Beuteziel gewesen sein.

DINOSAURIERBISSE

Der Squalicorax war ein Hai mit spitzen Zähnen, der die Meere der Kreidezeit terrorisierte. Er ernährte sich von kleineren Tieren wie dem Enchodus, einem prähistorischen Fisch. Man fand den Fußknochen eines Hadrosauriers, in dem der Zahn eines Squalicorax steckte, was vermuten lässt, dass der Hai auch Aas fraß und sich von toten Dinosauriern ernährte, die ins Meer gespült wurden.

LANGHALSIGE JÄGER

Zu den seltsamsten Monstern der prähistorischen Ozeane gehörten die Elasmosaurier, eine Familie der Plesiosaurier mit sehr langen Hälsen, die in den Meeren der Kreidezeit lebten. Die kleinen Köpfe waren mit scharfen Zähnen bestückt, die selbst sehr schnell schwimmende Beute fassen konnten. Sie hatten sehr große Mägen und einen entsprechenden Appetit.

SCHWERER BAUCH

Wie andere Plesiosaurier fraß auch der Elasmosaurus Steine, die Gastrolithen heißen. Ihr Gewicht verhalf den fassförmigen Körpern wahrscheinlich zu einer besseren Stabilität.

MAGENSTEINE

Wir wissen, dass der Elasmosaurus Steine fraß, weil diese in Fossilien des Tieres gefunden wurden. Diese Gastrolithe halfen vermutlich bei der Verdauung. Wenn sich der Elasmosaurus bewegte, stießen die Steine aneinander und zerrieben die Nahrung, die er gegessen hatte.

RUDERKRAFT

Obwohl der Elasmosaurus unbeholfen aussah, konnte er seinen Körper wellenförmig auf und ab bewegen, ähnlich einem schwimmenden Pinguin. Wenn er mit seinen kurzen Rudern schlug, schien es, als würde er durch den Ozean fliegen. Die vorderen Ruder wurden zum Steuern genutzt, während die hinteren Ruder die Kraft aufbrachten, um diesen enormen Körper durch das Wasser zu bewegen.

STECKBRIEF

ELASMOSAURUS

BEDEUTUNG DES NAMENS: Bandechse

FAMILIE: Elasmosaurus

ZEIT: Späte Kreidezeit

GRÖSSE: 12 m lang

GEWICHT: 2000 kg

NAHRUNG: Fisch

LANGHALS

Der Albertonectes, ein Elasmosaurier, besaß einen 7 Meter langen Kopf – länger als jeder andere bekannte Plesiosaurier. Er besaß 76 Halswirbel, während Säugetiere, auch Giraffen, nur 7 hatten. Dieser lange Nacken ermöglichte es ihm, die Beute zu greifen, ohne schnell schwimmen zu müssen.

HINTERHÄLTIGER FRESSER

Der Hals des Elasmosaurus war so lang, dass die Wissenschaftler dachten, seine Nackenfossilien wären Teil eines Schwanzes gewesen. Sein langer Hals und sein kleiner Kopf waren ideal, um sich an Fischschwärme anzuschleichen. Der Elasmosaurus versteckte seinen bulligen Körper im tieferen, trüben Wasser und griff sich von da aus den Fisch. Die langen, dünnen Zähne, die aus seinem Maul ragten, benutzte er als Spieße.

LIOPLEURODON

TYRANN DES JURA

Der Liopleurodon war eines der größten, fleischfressenden Wirbeltiere, die jemals lebten. Dieser kurzhalsige Plesiosaurier war ein gieriger Fleischfresser und erstklassiger Jäger, der die Meere während der Jurazeit nach Fischen und anderen Seetieren durchpflügte.

Die Stellung der Nüstern des Liopleurodon lässt darauf schließen, dass diese eher zum Riechen und nicht zum Atmen dienten. Das Raubtier nutzte vielleicht den Geruchssinn, um die nächste Mahlzeit zu finden, indem er Fleisch oder Blut selbst in großer Entfernung wahrnahm. Seine vier kräftigen Ruder ermöglichten ihm eine schnelle Beschleunigung, sodass er seine Beute leicht einholen konnte.

T.-REX-ZÄHNE

Die Zähne des Liopleurodon waren so groß wie die des T. rex, weshalb seine Bisse beim Schnappen nach Fischen oder Fleisch meist tödlich waren. Einige seiner Zähne waren 20 Zentimeter lang und standen an der Spitze nach außen wie bei einer grausamen Tierfalle. Der große Kopf maß ein Fünftel seiner Körperlänge und enthielt Kiefer, die kräftig genug waren, um einen kämpfenden Ichthyosaurus festzuhalten. Einige Experten glauben, dass er mit offenem Maul schwamm und jeden Fisch oder Kraken fing, der seinen Pfad kreuzte.

LIOPLEURODON
GEGEN
TYRANNOSAURUS REX

	LIOPLEURODON	TYRANNOSAURUS REX
LÄNGE	18 m	12 m
GEWICHT	25 t	7,7 t
KIEFERLÄNGE	über 3 m	1,2 m
BEUTE	Fisch und andere Meerestiere	Fleisch
ZEITALTER	Mittlerer bis später Jura	Späte Kreidezeit

STARKE SCHWIMMER

Die Pliosaurier mit ihren kurzen Hälsen, dem langen Kopf und den mächtigen, bezahnten Kiefern waren Verwandte des Plesiosauriers. Ihre Länge betrug zwischen 5 und 15 Meter und sie erbeuteten Dinosaurier, Fische, Haie und andere Meerestiere.

TITAN DER MEERE

Zu den längsten Pliosauriern gehörten die Kronosaurier. Nach dem griechischen Titanen Kronos benannt, spiegeln ihr großer Kopf, ihr dicker Nacken und die scharfen Zähne die furchterregende Kraft des mystischen Giganten wider. Ihr großer flacher Schädel betrug ein Drittel der Körperlänge. Er war größer als der Schädel jedes anderen bekannten Meeresreptils. Die spitzen Kiefer verbargen hinten runde, aber tödliche Zähne, die den Panzer jeder Muschel, Schildkröte oder jedes Ammoniten durchbeißen konnten.

MUSKELPROTZ

Es gibt Beweise, dass der Kronosaurus starke Muskeln zum Schwimmen besaß, so war er im Wasser trotz des bulligen Körpers möglicherweise schnell und wendig.

DINO-JÄGER?

Ein anderer gigantischer Pliosaurier war der Pliosaurus. Die Wissenschaftler nehmen an, dass seine Kiefer mit einer stärkeren Kraft zubeißen konnten als die des T. rex. Die Größe seiner Zähne und die Kraft seiner Kiefer lassen vermuten, dass sie stark genug waren, um einen Dinosaurier vom Strand aus anzugreifen und zu verschlingen. Dinosaurierknochen wurden hin und wieder in den Mägen der Pliosaurier gefunden. Diese können natürlich auch von toten Dinosaurierkörpern stammen, die von den Gezeiten oder einem Fluss in das Meer getragen wurden.

SEEMONSTER-DETEKTIVE

Manchmal werden nur wenige Teile eines Meeresmonsters entdeckt. Dann ist es wie bei einem Puzzle sehr schwer, herauszufinden, welches Teil wohin gehört. Außerdem ist es nicht einfach, diese Kreatur einzuordnen. Hier ist ein Trinacromerum zu sehen, der aber ursprünglich für eine andere, ähnlich aussehende Art der Plesiosaurier gehalten wurde, den Dolichorhynchops.

ICHTHYOSAURUS

FISCHECHSE

Die Ichthyosaurier, auch „Fischechsen“ genannt, ähnelten ein bisschen einem Delfin, benahmen sich aber eher wie Killerhaie. Diese Reptilienjäger der Jurazeit besaßen furchteinflößende Kiefer.

Die Ichthyosaurier, wie der Excalibosaurus und der Ichthyosaurus, waren hervorragende Schwimmer und gut zum Jagen oder Plündern geeignet.

HAI-ÄHNLICHE JÄGER

Der 2 Meter lange Ichthyosaurus hatte einen delfinförmigen Körper, aber seine Schwanzflosse sah aus wie die eines Haies. Er jagte auch wie ein Hai im tiefen Wasser und setzte dabei seine langen, zahnreichen Kiefer ein, die nach Tintenfischen, Fischen und Kraken schnappten.

PERLENAUGEN

Die Augen des Ichthyosaurus waren besonders groß, um alles Licht aufnehmen zu können, das es in den trüben Ozeantiefen gab.

JAGDGESCHWINDIGKEIT

Zwei Flossenpaare und eine Rückenflosse stabilisierten den Ichthyosaurus, wenn er schwamm. Er trieb sich selbst mit Bewegungen seines Schwanzes durch das Wasser und konnte sich dank seines stromlinienförmigen Körpers schnell bewegen.

SCHWERTLIPPEN

Einige Ichthyosaurier, wie der Excalibosaurus, besaßen lange schwertförmige Kiefer und ähnelten einem Schwertfisch. Der Excalibosaurus wurde nach Excalibur benannt, dem mystischen Schwert von König Arthur. Sein „Schwert" könnte er bei der Suche nach Nahrung am Meeresboden benutzt haben. Oder er hat es als Waffe in Kämpfen mit seiner Beute eingesetzt. Der Teil seines Oberkiefers, der über den Unterkiefer hinausragte, war mit nach außen gerichteten Zähnen besetzt. Stachen sie ins Fleisch seiner Beute, endete dies immer tödlich.

EXCALIBOSAURUS GEGEN SCHWERTFISCH

	EXCALIBOSAURUS	SCHWERTFISCH
LÄNGE	7 m	3 m
GEWICHT	907 kg	650 kg
ZÄHNE	Im oberen und unteren Kiefer	Keine Zähne bei ausgewachsenen Tieren
BEUTE	Fisch oder andere Meerestiere und Reptilien	Fisch, Tintenfisch, Kraken
ZEITALTER	Später Jura	Neuzeit

FISCHFANGZÄHNE

Haie waren nicht die einzigen todbringenden prähistorischen Fische. Einige andere, wie der Dunkleosteus, waren kräftig genug, um einen Hai anzugreifen und zu töten. Andere Raubfische, wie der Enchodus, lassen selbst Piranhas freundlich erscheinen …

GUT GESCHÜTZT

Der Dunkleosteus besaß harte Schutzplatten, die seinen 10 Meter langen und 3 Tonnen schweren Körper gegen andere Jäger in den Meeren des Devon abschirmten. Bissmale an diesem Fisch lassen vermuten, dass sie manchmal zu Kannibalen wurden, wenn andere Nahrung schwer zu finden war.

FLEISCHSCHLITZER

Anstelle von Zähnen besaß der Dunkleosteus scharfe, knochige Platten. Indem er mit einem Teil seines Kiefers fest zubiss, konnte er sogar kräftige Beutetiere festhalten.

POWER-KIEFER

Der Dunkleosteus besaß eine größere Bissstärke als der große Weiße Hai. Seine knochenbrechenden Kiefer besaßen eine Kraft von 500 Kilogramm – zweimal mehr als die einer Hyäne.

SCHARFZAHNIGE KILLER

Der Enchodus, der in der späten Kreidezeit lebte, könnte für einen neuzeitlichen Lachs oder Hering gehalten werden – abgesehen von seinem Maul voller großer, scharfer Zähne. An der Spitze seines Mauls saßen zwei durchdringende Fangzähne, die bis zu 6 Zentimeter lang werden konnten. Diese Fangzähne in Kombination mit seinen großen Augen machten ihn zu einem hervorragenden Jäger. Wie viele andere Fischarten könnte er in Schwärmen gelebt und gejagt haben. Ein Schwarm dieser bezahnten Monster könnte Meerestiere überwältigt haben, die weit größer als sie selbst waren.

SEEMONSTER-DETEKTIVE

Von ausgestorbenen Meeresmonstern, wie dem Dunkleosteus, wurden dreidimensionale Computermodelle angelegt, um mehr darüber zu erfahren, wie sie sich bewegten und wie sie jagten. Dabei fand man heraus, dass der Dunkleosteus in einer fünfzigstel Sekunde seine Kiefer öffnen konnte – und so genug Saugkraft erzeugte, um die vorbeiziehende Beute in sein Maul zu befördern.

SUPERKROKODILE

Sümpfe, Seen, Flüsse und Mündungen waren für kleine Landtiere gefährliche Aufenthaltsorte. Sogar riesige Dinosaurier riskierten einen Überraschungsangriff von einem der Riesenkrokodile, die dort lauerten. Bissmale an Dinosauriern lassen auf Angriffe eines Deinosuchus schließen, eines der größten Krokodile, die je existierten.

Prähistorische Krokodile waren sicher viel furchterregender als heute lebende. Gigantische Kreaturen, wie die „Superkrokodile“ Sarcosuchus und Deinosuchus (was „furchtbare Krokodile“ bedeutet), verbargen sich im seichten Wasser und warteten im Hinterhalt auf ihr Opfer.

SCHRECKLICH!

Der Deinosuchus besaß riesige Kiefer mit mehr als 44 scharfen Zähnen und einem schrecklichen Biss, kraftvoller als der vieler der größten Dinosaurier. Sein Körper war 10 Meter lang und sein Schädel größer als ein erwachsener Mann. Dieses Monster musste einen mächtigen Appetit gehabt haben, den es möglicherweise sogar an großen Dinosauriern stillte. Der Deinosuchus lebte in den Flussmündungen, wo er auch nach Schildkröten und Fisch schnappte.

SUPERKROKODIL

Der Sarcosuchus gilt als die größte krokodil-ähnliche Kreatur, die bisher bekannt ist – doppelt so groß wie ein heute lebendes Krokodil. Seine Zähne waren abgerundet und dazu geeignet, Beute zu fassen und zu zerschmettern, aber nicht zum Beißen. Wahrscheinlich lauerte der Sarcosuchus in flachen Flüssen, um große Fische und andere Beutetiere zu verspeisen. Der Sarcosuchus hatte eine eigenartig runde Spitze am Ende der Schnauze, die „Bulla" genannt wird. Die Wissenschaftler wissen nicht, wofür diese gebraucht wurde, und vermuten, dass sie dabei half, bestimmte Laute von sich zu geben oder den Geruchssinn zu erhöhen.

STECKBRIEF

SARCOSUCHUS

BEDEUTUNG DES NAMENS: Fleischkrokodil

FAMILIE: Pholidosauridae

ZEIT: Frühe Kreidezeit

GRÖSSE: 12 m lang

GEWICHT: 9–13,6 t

NAHRUNG: Fisch und Aas

GLOSSAR

Aas
Fleisch eines Tieres, das tot ist und als Nahrungsquelle für einige Vögel und Tiere dient.

Aussterben
Wenn etwas nicht länger existiert.

Beute
Ein Tier, das von anderen Tieren als Nahrung gejagt wird.

Brutzeit
Die Monate im Jahr, wenn die Tiere sich paaren, um Nachwuchs zu zeugen.

Ceratopsidae
Eine Gruppe großer, vierbeiniger Dinosaurier, von denen die meisten Hörner und Kragen besaßen.

Devon
Ein prähistorisches Zeitalter, auch bekannt als das Zeitalter der Fische, als die Ozeane warm und mit zahlreichen Fischarten gefüllt waren.

filtern
Nahrung, wie z. B. kleine Fische, aus dem Wasser sieben, indem sie durch siebähnliche Teile im Maul gedrückt werden.

Flamingo
Ein rosafarbener, im Wasser watender Vogel mit langen Beinen, einem langen Hals und einem entenähnlichen Schnabel.

Flossen
Gliedmaßen, die von Tieren genutzt werden, um im Wasser zu schwimmen.

Fossil
Die Rückstände eines prähistorischen Organismus, der im Gestein erhalten blieb.

fossilisiert
In ein Fossil verwandelt.

grasen
Sich von niedrig wachsenden Pflanzen ernähren.

Hadrosaurier
Pflanzenfressende Dinosaurierfamilie, die auch wegen ihres entenförmigen Mauls als Entenschnabel-Dinosaurier bekannt ist.

Herbivore
Ein Pflanzenfresser.

Ichthyosaurier
Eine Gruppe von großen, im Meer lebenden Reptilien, die den Delfinen ähnlich sehen.

Invertebrata/ Wirbellose
Ein Tier ohne Wirbelsäule, wie ein Wurm, Tintenfisch oder Insekt.

Isolation
Eine Methode, die Wärme innen und die Kälte draußen zu lassen.

Jura
Ein prähistorisches Zeitalter, in dem viele große Dinosaurier lebten. Es wird auch Zeitalter der Reptilien genannt.

Kadaver
Der Körper einer toten Kreatur.

Kamm
Ein Körperteil, das vom Kopf eines Tieres absteht und verziert ist.

Karbon
Ein prähistorisches Zeitalter mit vielen Sümpfen und Wäldern. Aus abgestorbenen Pflanzen und Bäumen dieser Zeit bildeten sich die fossilen Brennstoffe.

Karnivore
Ein Fleischfresser.

Kiemen
Die Teile eines Fischkörpers, die zum Atmen genutzt werden.

Kragen
Eine knochige Stelle um den Hals des Dinosauriers.

Kreide
Ein prähistorisches Zeitalter, in dem Säugetiere und riesige Dinosaurier lebten und das mit dem Aussterben der Dinosaurier vor 65 Mio. Jahren endete.

Mosasaurier
Eine große, fleischfressende und im Meer lebende Reptilienfamilie, die ruderähnliche Gliedmaßen zum Schwimmen nutzte.

Muschel
Ein großes Weichtier, das von zwei Schalen umschlossen wird.

Nahrungskette
Eine Gruppe von Organismen, die danach angeordnet sind, wer von dem Nächstfolgenden als Nahrungsquelle abhängig ist. Zum Beispiel frisst ein Fuchs eine Maus, eine Maus frisst Insekten und ein Insekt frisst Pflanzen.

Omnivore
Ein Allesfresser, sowohl Pflanzen als auch Fleisch.

Pachycephalosauridae
Eine Familie zweibeiniger Dinosaurier mit einem sehr dicken, manchmal auch kuppelartigen Schädel.

Paläontologe
Ein Wissenschaftler, der fossile Tiere und Pflanzen untersucht.

Platten
Knochige Bereiche auf den Dinosauriern, die ihnen Schutz gaben. Manche Platten standen vom Rücken ab, wie beim Stegosaurus.

Plesiosaurier
Eine Reptiliengruppe, die sich im Meer entwickelt hat und ruderartige Gliedmaßen zum Schwimmen benutzte.

Prädator
Ein Raubtier, das andere Tiere zum Töten und Fressen jagt.

Pterosaurier
Eine Gruppe fliegender Reptilien, die eng mit den Dinosauriern verwandt war.

Reptilien
Kaltblütige Tiere, die gewöhnlich Eier legen und eine Schuppenhaut besitzen.

Rückenflosse
Eine steile Flosse, die auf dem Rücken eines Fisches wächst und der Stabilität und Steuerung dient.

Sauropoden
Eine Gruppe von riesigen, vierbeinigen, pflanzenfressenden Dinosauriern mit kleinen Köpfen, langen Hälsen und Schwänzen.

Spinosauridae
Eine Familie von zweibeinigen, fleischfressenden Dinosauriern, welche in der Kreidezeit lebten.

Tarnung
Muster oder Zeichen, die helfen, sich mit dem Hintergrund zu verschmelzen, um nicht leicht entdeckt zu werden.

Theropoden
Eine Gruppe zweibeiniger, hauptsächlich fleischfressender Dinosaurier, wie der Tyrannosaurus rex.

Trias
Ein prähistorisches Zeitalter, in dem sich die ersten Dinosaurier und Säugetiere entwickelten.

weiden
Wenn sich Pflanzenfresser von Trieben, Blättern und anderem Pflanzenmaterial ernähren.

DINO-REGISTER